LIBRO NCARISTA

Roberto Net Carlo

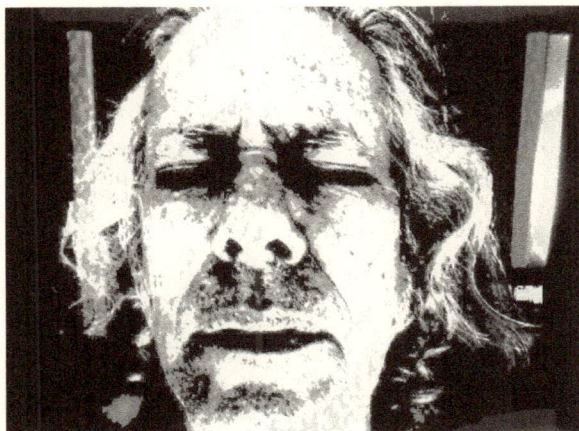

Luna Bisonte Prods
2020

https://www.lulu.com/spotlight/lunabisonteprods

ISBN: 9781938521676


```
  †  †  †
 †  †  †
†  †  †
 †  †  †
†  †  †
 ††††
 / o \
  LBP
```

Luna Bisonte Prods
137 Leland Ave.
Columbus OH 43214 USA

OFICINA

1

oficina de administración
 condominio roosevelt tower
 1482 ave fd roosevelt
 san juan p.r.00920-2712
 tel.fax.(787 783-5098)

miércoles,25 de marzo de 2020

recomendaciones a los residentes
 durante la crisis del coronavirus

oficina oficina oficina oficina
 ofi-nací ofi-nací ofi-nací
 ofi-nazi ofi-nazi ofi-nazi
 fascina oficina fici-na-o
 nao-ofi-cina cinafio cinafio
 oí oficina
 huí oficina
 oficina de admi.oficina de ministración.
 oficina de admiración.oficina de atracción.
 distracción.fia-oficina-nafio
 desafio de oficina
 oficina de administracción
 llamar la atención
 recomendaciones-canciones-
 a los residentes-pacientes-
 durante-antes
 de la crisis-artritis-
 de coronavirus-morona vino.

tenor evitar la oficina
 soprano evitar la oficina

orden personal

dos pasajeros por viaje
 dos eros por viaje

orden personal
 de forma remota
 marijuana atendida-situación-equivocación-
canción-
de forma remota.de remota forma-
la forma toma-remota-situación-
terremoto de ocasión-evitar
 la oficina-evitar la oficina-siempre.
 el tenor.la soprano-el tenor evitar
 la soprano.la soprano evitar el tenor.
 a tenor con los tiempos-evitar
 la oficina-tertulias-en los pasillos
 y áreas comunales-sexuales-
evitar sexuales comunidades
 -comunales males evitar,
 tertulias sexuales en los pasillos-
 palillos-palillos evitar en la bocas
 de tertulias,tertulias sexuales-
 orden desorden
 ¿recuerdas las tertulias sexuales en
 la librería la tertulia en río piedras?
 orden ejecutiva 2020,009.a tenor
 con la-y el plan,flan,pan,can,para,
 ara,rara-la propagación-apropiación-
del exterminio-del virus,timus,la junta
 -unta-yunta-de directores-rectores-
 motores-y la oficina
 evitar-de admistración-
admiración-les exhorta
 a evitar,evitar,evitar
 lo inevitable-
 tertulias,tertulias tertulianas
 tertulias anarquizantes en los pasillos
 y áreas sexuales
 evitar evitar evitar

para llamadas-parar llamadas-llamar a
 la nada-evitar llamadas-llamadas evitar
 para evitar llamadas a la nada

llamar a la oficina de adminstración
utilizar-el número de teléfono-
787-783-5098 si te quieres morir pronto
llamar al 787-783-5098

las cuales son transferibles al celular-
vaginal de la admistradora
o enviar email
condoroosvelttower@hotmail.com.
toda situación será atendida de forma
remota
mediante las vías mencionadas-arpías
detalladas-
depositar depositar depositar
el pago-gago-de mantenimiento-
entendimiento, miento-en el buzón
correspondiente-su diente-
llamada de emergencia
en la caseta del guardia-
787-783-4937

dos pasajeros
dos-pasados-de eros
en distanciamiento-cia-distancia-
distancia
-lo de la distancia es la cia-
miento,miento en la distancia
-a última instancia miento
en la distancia-
por viaje-lenguaje-aguaje-enguaje-
del elevador-eleva,dor,eleva dos

colaborar-laborar-explicar
las medidas-las heridas
de higiene personal-lenguaje,
hiede personal-y
comunitario,común a diario-unitario-
que estime-que time-al utilizar-
manipular,violar-las compactadoras-

3

compacta,adoras las compactas adoradoras
 -acta,acta de compactadoras en las adoradoras
 que adoras,en actas compactas de adoración,
 perfora,acción,perforación

botones. botón.es botones.boto
 botones-cojones son botones
 en los botones,boto botones con
 cojones,tengo botones en los cojones,
 cojo botones en los cojones
-con un botón basta-y sobra,obra
 vasta obra de botones-
 botones de los elevadores-esplendores
 de los botones de los elevadores,
 oh que adores los botones de los cojones,
 que tengas amores con los botones de los
 elevadores,que tengas sexo con los botones
 de los elevadores,qué cojones!

botones de los elevadores,perillas-
 pesadillas-cosquillas-y
 haladores de las puercas puertas-
 fumadores de las puertas
 fumadores de las puertas
 adoradores de las puertas puercas,
 haladores,inhaladores,de puertas puercas
 agradecemos
 a las puertas puercas
 puercas puertas del ventanudo amor
 agradecemos
 -agradecimientos.
 agradecemos la iniciativa-con indicaciones
 -los inicios-que puedan-despuedan
 tener-retén-
ofrecer-nacer
 y aplicar-explicar
 durante-antes dura
 el período-menstrúa,odioso-
de aislamiento-enzorramiento-

aburrimiento-miento-
y distanciamiento-distancia miento-
social-astral-
para beneficio-oficio-
de todos-pocos-de nosotros-ninguno
 -mismos-nadie y
 de la comunidad-común unidad-
en general-área-genera anal
 -de la comunidad-astral-renal.

2

elegía(domingo 24 de octubre 1997)

Ebriedad de las moscas
 con toda la seriedad
 de los disparates dialogados
 entre 2 viejitos casí niños
 por tanto pensamiento,
 de tanto adivinarse
 más allá
 por el tristísimo acá
 del lirico hospital.
 Nostalgia perfectísima
 la sintaxis del olvido!
 Así se van,
 soñando,
 las manos
 soñando el sueño del pie
 que anda
 por un caminito de gusanos,
 se detiene y medita,parado;
 el tránsito de cosas naturales
 por mucha calle irreflexiva
 así se van las sombras...rascándose...
 zumbante cerebelo,
 con sonido cualquiera:ellas,
 sombras vivas de mis moscas muertas-
 me fabrican suavidad sedosa de tierna amiga

en la fabulosa tempestad
de las cloacas
cuando sabe a vinagre
el vaso de azúcar
cuando el nombre pierde su ciudad
pero halla
una mariposa secreta
en su trasero,
comprendiéndose,
que nunca es tragico
el número cero
y sí llanto,lo que pase
más allá de cero a número.
Oscurísima cima de tinieblas es el 1.
Animalitos de la pena ya lo advierten,
notifican
cuando o cuando y cuando
enfríamos la vida
con una sopa caliente.
La piedra medita largamente,largarse,
por la la longitud mayor.
Hízose un paréntesis
a todo padre con
derecho de autor.
Autoridad siendo-
el huesudo hambriento.
Única explicación:
el macanazo brutal de ¿dios?

Su gran estación de No.
Su modo negador
de decir siempre sí.
Su mono amaestrado dando vueltas y
vueltas,
alrededor del lógico reloj.
La anárquica pasión del tic de amor...
El oído,todo-sin odio:
sonoro todo gran pre-
histórico toc.

Así-con penas de oro-
largemos la flor justa y el medio
y toda la suma del universo.
Consumamos todos los objetos
(sin objeto)
con un gran fósforo.
Repitamos por trillonésima vez
el
gigantesco
sermón
mortuorio
en este octubre
donde abrí una puerta
y se cerraron unos queridos
y antiguamente muy abiertos ojos.
Sólo me queda
el escazo consuelo
del verso roto
de los locos de los locos
de los locos locos.

Homérico destierro este andar
la tierra toda
con el sinsabor de no saber distinguir
el arcano lobo de la erótica loca.
Homérico-ser Homero Segundo y ciego
(aunque puedo ver)
desbaratado por golpes de risa,el arpa
y todos los miembros del cuerpo
adicto
al silencio gago de los sueños.

Ay:esta amarga sal
que parece poseer
todas las cosas
es como una sala de salir
pá dentro,
fuera del círculo negro
en el interior cavernario

de mucha boca abierta
de niña y viejecita muerta...muerta.
Ahora me parece que soy
lo que iba temiendo ser:
un nulo paseo con lluvia por el parque,
recorriendo toda
la infinita humanidad
de mis asfixeantes axilas,
por decir mucho-
repitamos el Analisemos del comienzo.

Observa;
 buey dormío,
 todo pelo de fantasma
 disimuladamente
 poner el primer huevo,
 cojamos el primer ómnibus de las galaxias
 y sus choferes-bastardos de tierra-
 y cielo-
 por el cuello
 de una historia mal gramatizada.
 Cacareemos
 a cáscara mondada
 el mundo,
 en su gallina amada-
 la primavera subterránea,
 inconscientemente
 reflejada-
 a tierna edad se nos advierte:
 "Ceda el paso
 al oscuro diálogo
 con Señor Espejo."

Espejismo sincerante el bailar
-lúgubremente-
como aprendiz de sapo
 en la charca pantanosa
 del Sinrazonar del Sinsentido
 ...a flor de muerta abuela en roto pecho.

Ay,seno del misterio,
la montaña-qué de tanto
pintar lo gris de verde
resulta triángulo obsceno.

Aflojar la cuerda primero
es el segundo modo
de apretar el cuello
de tu hermano colindante
y de tu primita escondida
en un paraíso
de aguas chorreantes
como navaja parlachina,
la chiquilla,
tierna delirante.
¿Qué puede añadir tu mudo ser por
sol
dando aritmética de nones escaleras?
Abuelita...
Tu ronquido antiguo:
mi sabio párajo cantor,
tragándose.
A toda mentira la verdad
tiene puesta su correcta llave:
esa ventana para uno no mirarse.
Ese caminito de chatarra que se anda
para uno ultrajarse
en callado dolor
y prieta lágrima quieta.
Uno no se imagina que
existen cristales en
las hormigas,cuando
no se puede escribir
una elegía de diamante
para aquella viejecita
que fue tu único diamante,
diadema de todo humano amor.

3

Los niños muertos bailan
 bailan
 en el pedestal de la eternidad.
 Los niños muertos son relojes descompuestos.

Los niños muertos odian a las niñas vivas
 Las niñas vivas aman a los niños muertos
 Los niños muertos hacen el amor como perros
 como perros.

Como perros los niños muertos lamen
 el vivo hueso
 el vivo hueso de la muerte viva
 Las niñas vivas lloran por ellos
 como perras
 como perras
 como perras las niñas vivas lloran
 por los niños muertos.

Los niños muertos como perros
 como perros muerden el vivo polvo
 el vivo polvo de la viva muerte
 la viva muerte
 del vivo hueso
 del vivo hueso
 de la vida muerta
 de la muerte rica
 de las niñas vivas
 llorando
 como perras
 como perras
 por los niños muertos.
 Los niños muertos son relojes descompuestos.
 Los niños muertos son relojes descompuestos.

Como perras como perras
 como perras lloran

las niñas vivas
por los niños muertos.

Las niñas vivas aman
a los niños muertos.
Los niños muertos odian
a las niñas vivas.

Los niños muertos bailan
bailan
como perros
como perros
en el pedestal
de la eternidad.
Los niños muertos
los niños muertos
son relojes descompuestos.

4

La tarde cae como una piedra
mientras recorro las calles de
San Juan, invocando muertos,
despertándolos del largo sueño...
Oh, tarde mía (progenitora de
tu noche masticando vidrios,
bebiendo sangre de las venas
de los últimos suicidas)
ocultándose en el cielo casí
oscuro como pájaro que ha
visto desnuda la deidad...
Tarde de los fusilamientos de
palabras absurdas o puras
cuando soy el trapecista
de lo actual, mensajero del
mañana, llegando algo tarde
a mi pasado.
Tarde batalla, tarde ala, tarde
de todas las tardes cuando

mecánico blasfemo la próxima
inevitable ausencia del sol,
escupiendo imágenes,gritando
versos a los hipogrifos y semáforos..
En esta tarde cuando todo ha sido
preguntado o soñado,la fosa abre
su boca como tapa de piano
y musicaliza el horror,el error
de haber estado constantemente
solo,mirando,espectador gozoso,
el infatigable espectro del dolor
humano.
Oh,tarde he llegado a ti y la
tarde se pone tus labios de
canción nunca compartida y
tus ojos precisos de visiones niñas.
Oh,tarde aprendí a vivir tras
sentir tan cerca la caricia profunda
de la muerte.
Nada sobrevivirá excepto esa
osamenta invitando al coito
poseterno,perfecta apoteosis
de nuestro necrofílico romance
Oh,tarde.

5

Llamas-Llamas-Llamas-
 tres Llamas-del Semicírculo nacidas
 casi Colina del delirio(un Lirio en cada roto sentido)
 colinda con los Sueños
 de los Indios Muertos
 el Nagual que invoca
 de la boca de la tierra
 la energia Sepultada
 por el capitalismo
 y sus Ecos Maquinales
 sus Edipos virtuales
 el Nagual que llama a los Carnales

a las chicharras ancestrales
al Chichimeca que huye de los hospitales
y toda esa chata existencia de
chicanas digitales
Llamas-Llamas-Llamas-
Amas-Amas-Amas-
Aman-Aman-Aman-
Estallan-Estallan-Estallan-
queman eclipses ecdémicos
lo impredicible Cli-Cli-Cli-
liquida al lirismo académico
Cli-Cli-Cli-Cli-Cli-Cli-Cli-Cli-
Llamas-Cla-Cla-Cla-
Amas-Cla-Cla-Cla-
Aman-Cla-Cla-Cla-
como un cuadro que te llama
pintura de tres llamas
en medio de la noche
para que le des nombre
y apellido al Nagual Desconocido
en tu última asémica escritura
minutos antes
del Fin del Mundo

6

Podemos entrar al pedazo de humo y morir
 como pañuelos
 saludar el polvo furibundo y escupir
 palomitas de maíz
 desnudarnos en los balnearios públicos y escribrir
 con los genitales genialmente
 sin esperar aplausos
 sin querer ser otros
 sin vestirnos con los andrajos prestados
 del Napoleón del manicomio
 porque ya todo está cronometrado
 y en la ventana rie un reloj atrasado
 y hay manos desesperadas en la cama

y bocas abiertas en el jardín
el jardín donde me razco la cabeza y el fantasma
el jardín en el fantasma que se razca
la vida que le sobra y la muerte que le falta
escazamente unos segundos
pueden cambiar la faz del mundo
los obreros nocturnos
cenando su pan agusaneado
los hombres bostezando almohadas meadas
y las manos desesperadas de las mujeres
en la cama
en la cama
porque ya todo está cronometrado
y podemos entrar al polvo furibundo y morir
como palomitas de maíz
y saludar el pedazo de humo y escupir
pañuelos
porque ya todo está cronometrado
y en la ventana ríe un reloj atrasado

```
nastro pastro zastro ñastro garato excu choiren  mikal
AAAAAAAAAAAAAAAAAAAAAAAAAAAAAAAAAAAAAAAAAAAAA
A zisorressseeecee. piiii *****+  rrewwq*]*]*]]*]]AAAAAAA
la sssandeesssss8888oo  nexis-pex-exis pex  pex zz iuno erc
I sss  C  ELEGÍA A MÍ    GOLYTELY   ELEGÍA A MÍ        X
oooooooc MISMA        (Colyte, Golytely, Nulytely, Moviprep)  MISMA   X
aaaa C ooooooooooooooo   ELEGÍA ELEGÍ HEREJÍA        X
nas         ooooooooooooooo                            X
tro       xxxxx Golytely X neruytwqazo poiOOOOOOOOOOO
otr""""  ES ES ES ES ES ES ES ES SE ES ES ESE ES E
asn{{{{{ EEEEEEEEEEEEEEEEEEEEEEEEEEEEEEEEEEEE
EEEEEE EEEEEEEEEEEEEEEEEEEEEEEEEEEEE
EEEEEE EEEEEEEEEE  trans la cla el cla la lacle elegía
LEGÍA A MÍ MISMA       la cla el cla   a mí
la misma elegía a mi mí mía mism         antimisa      misma
hereje    TRANS TRANS TRANS TRANS TRANS TRANS
elegía    TRANS TRANS TRANS
          AYOOOOOOOOOOOOOOOOOOOOOOOOOOOOOOOO
mí        YOOOOOOOOOOOOOOOOOOOOOOOOOO
          OOOOOOOOOOOOOOOOOOOOOOO
misma     ERREO ERREO ERREO ERREO ERREO
          SOLA SOLA SOLA SOLA SOLA SOLA SOLA
e.        YO MUERTO SOLA YO MUERTO SOLA YO
le        MUERTO SOLA SOL MUERTO YO SOLA MUERTO
gía       NNNNNNNNNNNNN   h      ZZZZZZZZZZzZZZ
          ÑÑÑÑÑÑÑÑÑÑÑÑÑÑÑÑ     hoe  ZZZZZZZZ
          ÑÑÑÑÑNNNNNNNN
Ñ                            sui
                              x
ELEGÍA A MÍ MISMA   herejía elegia a mí misma mi elegía
```

14

7

poema

próxima incertidumbre

1

Su nombre se perdió en la oscuridad
y tras las ensordecedoras plegarias
de las estatuas
una puerta mohosa
se cerró
como se cierran los labios de un traidor.
Definitivamente hubo traición.
Traicionada por todos aquellos
a quienes amaba
ella emprendió viaje,,,,,,
impulsada por el viento
llegó a su destino.
Las ensordecedoras plegarias
de las estatuas
destruyeron la ciudad.
Todos,,,,,,,,
y todos eran traidores,,,,,
murieron.
Y
luego
meses de lluvia continua,,,,,
la yerba y el musgo arroparon
ruinas y cadáveres.
Y las estatuas
se transformaron
en seres humanos.
Y ella,,,,,
la traicionada
comenzo a vivir
una nueva vida.

2

Pedro caminaba por la ciudad
 y la ciudad caminaba por Pedro..
 Pedro mordía el polvo de la historia
 hacía semillas de la memoria,,,,,,,,,,
 memoria que era mármol,,,,,,,,,,,,
 mármol que desgarraba las carnes del sueño,,,,,,,,,
 sueño que Pedro soñaba despierto,,,,,,,,,,,,,,,,,,
 paseando su soledad,,,,,,,,,,,,,,,,,,,,
 buscando un nombre
 que hacia siglos se había
 perdido en la oscuridad.
 Ahora sin saber por qué
 Pedro entró al bar de Tar
 y pidió una cerveza.

"Difícil es
 la vida
 cuando uno lleva siglos
 siendo estatua
 y súbitamente
 se torna humano ser
 y difícil es
 ser una estatua
 rezando ensordecedoras plegarias"
 pensaba Lidia
 y no podía
 dejar de pensar.

Gustavo
 sentado en la butaca
 miraba la película
 una película de horror
 de vampiros
 se sentía muy bien
 hasta que
 Drácula besó una estatua
 y entonces Gustavo

gritando
y llorando
se levantó
y salió corriendo.

Mena
 tirada en la cama
 desnuda
 fumando un cigarrillo
 recordaba
 las plegarias de las estatuas
 y se echó a llorar
 pero no había tiempo para lágrimas
 pronto subiría un cliente.

Nota:
 Este poema no me gusta nada
 pero como ya empezé
 dejaré lo que está como está
 aunque lo que continue será
 un empezar de nuevo.
 El Poeta Esquizofrenico.
 Gracias.

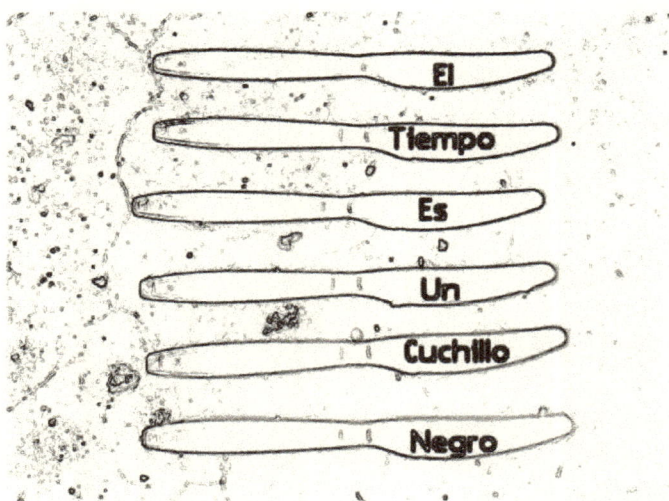
El Tiempo Es Un Cuchillo Negro

3

Traicionada despertó en Mundo Gris
 lo que causó
 mucha irritación
 a Mundo Blanco

Enseguida
 Mundo Blanco
 se quejó
 con el Poeta Esquizofrenico

y este
 no sabía qué hacer o qué decir
 y Mundo Blanco
 cada segundo
 más blanco
 debido a su
 imparable
 incontenible
 cólera
 sentenció:
 "Necesitamos Presencia".

"¿Qué?"preguntó el Poeta Esquizofrenico

"Presencia,dije"Mundo Blanco repitió
 dando
 tal puñetazo
 a la pared
 que la pared quedó hecha ventana

el Poeta Esquizofrenico
 hizo silencio
 y miró
 por su reciénaquirida
 y no requerida ventana
 "Veré que hago"respondió
 luego de otro largo silencio

Mundo Blanco marchose
 pero antes
 "No te preocupes
 salgo por la ventana"

"Qué considerado,
 gracias"suspiró
 el Poeta Esquizofrenico
 dándole gracias al Diablo
 por haber salido de esta visita
 físicamente ileso y completo
 y para celebrar
 metió la cabeza por el agujero
 de la pared-su nueva ventana-
 y cogió un poco de aire fresco

4

Y puesto que por más
 que lo intentará no
 encontró otra forma
 de ayudar a Mundo Blanco
 el Poeta Esquzofrenico decidió
 escribir
 un poema
 titulado:"Presencia"

El Poeta Esquizofrenico
 buscando inspiración
 subió los numerosos escalones.
 Tocó la puerta.
 "Entra"
 como siempre Mena tirada
 en la cama,,,,,,
 desnuda,,,,,,
 fumando su acostumbrado
 cigarrillo
 pero
 cosa rara

algo llorosa
.........Tras un segundo de silencio
sonaron
y no pararon
de sonar
por horas
los muelles de la cama

Pedro salió
 del bar de Tar
 más borracho que un muerto
 o mas muerto que borracho

Lidia espejos vomitando
 se encontró
 con un borracho
 que apestaba a muerto
 y dijo:
 "Sólo una persona en el mundo
 puede ser"

Fin.
 ¿O principio?

No.
 Meramente la hora del brake.

Su nombre se perdió en la oscuridad.

5

Un hombre sentado sobre un crucifijo
 y una mujer desnuda
 bañandose con agua
 de cuneta.Eso es
 el mundo.Eso era el
 mundo de.......
 porque él se llamará....
 sí,,,,, A apriori.
 Ya que antes que antes que

antes,,,,,,
mucho después
que el Poeta Esquizofrenico escribiera
su
muy ausente poema:"Presencia",,,,,,,
el mundo era así
y él era un A apriori.

Recordemos
 a Pedro,,,,,,,,,
 Mena,,,,,,
 Gustavo,,,,,,,
 Lidia,,,,,,,,
 Traicionada,,,,,
 Mundo Blanco,,,,,,,
 Mundo Gris,,,,,
 el bar de Tar,,,,
 al Poeta Esquizofrenico
 y
 ahora
 a
 A apriori.....

Una mujer desnuda bañandose
 con agua de cuneta
 y un hombre sentado sobre un crucifijo,,,,
 eso es el mundo:recuerden.

Ahora:olviden
 todo lo que han
 leído hasta ahora...Resulta
 que debido
 a
 ciertos problemas técnicos
 se ha perdido
 el hilo y el concepto
 de este poema.
 Contamos con vuestra indulgencia.
 Gracias.

6

Su nombre se perdió
 se perdió
 en la oscuridad
 su nombre se perdió

Su nombre ventana luminosa
 su nombre rosa contagiosa
 su nombre realidad maravillosa
 su nombre grito angelical
 su nombre beso de cristal

pero su nombre se perdió
 se perdió
 en la oscuridad
 se perdió su nombre

Su nombre fuente de todo nombre
 su nombre esfuerzo de todos los hombres
 su nombre luz de todas las noches
 su nombre semilla de placer
 su nombre bondadoso de canciones

pero se perdió
 en la oscuridad
 su nombre se perdio

Su nombre era la estrella de todos los labios
 su nombre era la caricia del sol
 su nombre era la medalla de amor
 su nombre era el seudónimo de ¿dios?
 su nombre era la libertad del corazón

pero en la oscuridad
 se perdió
 se perdió
 su nombre se perdió

Su nombre fue la lluvia del oro
  su nombre fue el beso del bien
  su nombre fue la alegría del pobre
  su nombre fue el pan del rico
  su nombre fue el verbo del amor

pero se perdió
  en la oscuridad
  se perdió
  su nombre se perdió

Su nombre canción del gozo de todos
  su nombre pasión de la verdad del aire
  su nombre sangre de la justicia de la luz
  su nombre luz de todos los dias y todas las noches
  su nombre fuente de todos los nombres

pero se perdió
  su nombre
  se perdió
  en la oscuridad su nombre se perdió

7

Él confundió la confusión y se detuvo
  se detuvo
  extrañado de mundo en el mundo
  a observar
  los superficiales detalles
  de una profundidad angustiosa

Estatuas le hablarón al oído
  conduciendolo a las ruinas
  de un sonoro laberinto
  y llegando
  al centro de ebullición mayor
  encontró
  y leyó un magullado manuscrito
  donde habían escrito

el lápiz de los siglos
y el lápiz de un contemporáneo

Escritura enceguecedora
 haciendole ver
 por primera vez
 el paisaje de la historia,,,,,
 historia con cual dormían
 las yerbas y los musgos
 de este sitio tan etéreo

Él conocía cara a cara los secretos
 que el autor del manuscrito
 se esmeraba en ocultar
 no había,,,,por lo tanto,,,con
 este lector,,,,,ocultación
 posible,,,
 tan sólo mixtificación.

Ahora se podría ir a visitar
 al Poeta Esquizofrenico
 en su celda en el manicomio
 con mucha más cordura.

Ahora él se dirigió al bar de Tar
 con el manuscrito bajó el hombro
 pero
 cruzando la calle
 un taxi desenfrenado
 lo atropelló
 y aniquiló.

Su nombre se perdió en la oscuridad.

8

poema

nosotros ,los ganadores de la pérdida

1

Un grito de luz

‗

un pensamiento lanzado al viento
para espantar
la horrorosa lluvia de recuerdos tristes
ahogándonos
con su continuo chacharreo
-}_}un esperar amor en las ruinas
__escombros besar arrepentido
de ser labio sibilino_gozo en la distancia
mayor de nuestra vida
viuda de sentido_
abandonando todo
_al borde del camino
menos recorrido
más glorioso
mas no habrá nunca
otra canción
para nosotros,
los ganadores
de la pérdida

2

nosotros vamos y
_venimos
de un mundo destruido hacia
la oscura aurora
__nosotros
somos tristes recovecos laberínticos,
_____bostezos con nombres y
apellidos,,,
sexo
y diplomas,,,
nosotros
apenas
existmos.
"Ganadores

de la pérdida"
nos gritan
los héroes
auténticos.

3

muertemuertemuerte
el árbol la sangre
la sangre el árbol
corren locos desnudos
corren tiros limpios
corren impíos
pisa escopetazo yo
yo canto hablo meo poesía
el extraordinario desayuno
extra ordinario cago
sol río un ayuno
soles enanos con dientes pos
tizos tiza triste alegre tizna
la noche río la no noche
y el día
es
cruel
experi
mento
sangre árbol sangre
árbol sangre sangre
sangre sangre árbol
construcción
de la
destrucción
muertemuertemuerte
vidavidavida
corren
corren
corren
locos
locos

locos
cuerdos
cuerdas

4

Estarse quieto,más quieto que un muerto y recordar. Imposible los
posibles que
componen y descomponen eso
Oscuro que llamo mi vida lluvia.¿Cómo hacer llegar a los Otros la
sensación de estar en mis zapatos,
los agujereados zapatos del (tal vez)fracaso?
Es dífícil pero
a medida que pasa el tiempo,
necesario(la necedad diaria)
Se podría hablar de justificación,de
"Cuéntames" y te dire quién eres.
Ser tan directo como en una carta
o un teléfono.Ser como un cero en
medio de los ojos.Ser como un ser
que se está quieto dentro de un pozo
de aguas negras.
Por economía.
Que significa intensidad y
la ausencia de comemierderías.
Decir la verdad,al fin de cuentas(fin de cuento)
es una ¿--?
nomentira$$$$$$nomentir$$$$$novivir$$$$$
*********Ncar se esfuerza en un ejercicio inútil.
Trata de poner su vida en el centro del escenario
(adentro de adentro de bien adentro de más adentro)
desnudar su teatro cotidiano
pero pero pero peo pero pero
acaso,no intuye que será
(crimen imperdonable)ABURRIDO
más aburrido que un muerto que de
aburrimiento se murió bostezando
bostezando cuentas y cuentos
Se podría decir que ha llegado a una ENCRUCIJADA

////Definitivamente tengo cuentas que saldar
(cuentos que desoñar)Mayaguez quizá fue un
infierno/infernus infernus infernus mayaguezano
Mayaguez el maya de mi nacer
infernus mayaguezano olía a atún
y a algas secas a la orilla(rodilla)de un orgasmo
Mayaguez Mayaguez el maya de Mayaguez según
los Upanishads
Mayaguez Mayagues infernus
Mayaguez a pie a barco a taxi
hades hades hades hades
sade sade sade sade
hades de sade hades de sade
sade de hades sade de hades
Mayaguez Mayagues Mayaguez
el maya sin gurú de mi primera vida
///y la casa de la esquina Mendes Vigo
ha sido demolida
(la casa de los niños muertos de Mendes Vigo
la casa de mosquiteros con murciélagos
Béla Lugosi fue mi primer héroe
la casa de los niños muertos
los niños muertos de Mendes Vigo)
ni cenizas quedan/ni gritos ensábanados/
ni ecos de los niños muertos
que en el patio jugaban a medianoche/
nada queda/la casa de la esquina
Mendes Vigo
ida ida ida ida
como una idea
de la felicidad
(la fatalidad)
cada segundo:el tiempo nos derrota
_____Quiero quiero quiero fiero ir
me de marino(antipopeye)
es un sueño un sucio sueño de infancia
(mi infancia,fábula de genocidios)
¿lo lograré?}lograré ser Otro en
mismo cuerpo y demonio Otro

en la misma nada de siempre
más allá del mar tengo cita con
lo inconocido
mientras tanto me dedico a retratar trivialidades
(la trivia de la tribu,toda tribu en su trivia estriba,
quien escriba la trivia de la tribu tendrá más comida
al final del día)
Gemela Psíquica y Padre Muerte acaban de llegar
(no sé de dónde)
y estoy en mi cuarto-mi pequeña célulalaboratorio-
escribiendo estas líneas(o ellas a mí me escriben,
describen)
Se abrirá la puerta,algún día,estoy seguro,y
veré cosas maravillosas en el jabón del
fregadero.Últimamente frego(fiero)mucho
(mundos)//////Es una T-E-R-A-P-I-A.
Y Gemela Psiquica y Padre Muerte estaban
en el Club de los Ombligos
y Madre Chola y Abuelo Poeticus visitando
a Titi Caos y
yo soñando(sonando),como siempre(no importa
qué semilla siembre)
los pedazos rotos(Oscuros) de una vida lluvia
gastada en el vano intento de Escribir(describir)
y Abrir la Puerta de la Realidad
!!!
porque,según dicen,parece que estoy medioloco
parece que tengo un Loco en el medio
parece que tengo un Loco dentro
y las trivialidades(me doy cuenta)
son esenciales para el desarrollo
de una verdadera profundidad
capitalista
(la trivia de la tribu,la trivia de la tribu
de la trivia, de la trivia de la tribu
el escribano soy)
trivialidades=bestialidades
_____La palabrería sigue siendo
palabrería.De la palabra no puedo escapar

porque,inclusive,la misma vida es palabrería.
Afuera,
en la Calle Calzada,los niños muertos
juegan volibol
(los niños muertos de la Calle Calzada
no son iguales a los niños muertos
de Mendes Vigo,
los niños muertos de Mendes Vigo
están más vivos que los niños muertos
de Calle Calzada,
los niños muertos de Calle Calzada
están más muertos que los niños muertos
de Mendes Vigo)
y me asombra lo poco que el deporte
ha hecho mella en mi existencia
siendo lo qué es,
una religión boricua.
Roberto Clemente,martír de la pelotera fe.
Ncar,martír de la poesía.
La poesía/lo que antes era/actividad
más maravillosa/se ha vuelto
una sublime idiotez/el capitalismo
daña todo lo que toca.
Antes que Poeticus
prefiero ser marinero(antipopeye)
es mucho más lírico psiquico onirico
Ja---
por lo menos podría ganarme mis
habichuelas
$$$$$$$$$$
La necesidad de escapar
de este maldito precipio
(hogar,dulce hogar)
se hace, cada dia
más imperiosa,obligatoria.
La realidad se ha vuelto alegoría
y mi pasado es como si fuera
el de Otra,
Otra,una completa desconocida.

Otra que murió en un oscuro
cuarto de baño
con un cuchillo boto
entre las manos
contemplada por Otra
que cuelga del techo
de una sala en Gardens Hills

¿Se podría decir,sin faltar a la verdad,
que mi vida ha sido dramática?
La dramática del Absurdo y el Vacío,
claro está.
¿Se podría decir,sin faltar a la verdad,
qué mi vida ha roto con la gramática?
La gramática de la ley y el orden,
claro está.
Soy divorciado y tengo una hija/es lo
mismo decir/
soy un camello y tengo un oasis
pero en realidad
la realidad es otra realidad
mucho mas real que la propia realidad.
Se buscará aquello totalmente innecesario/
lo superfluo.
La literatura pierde su razón de ser.
La poesía adquiere propiedad táctil.
Y no puedo hablar con nadie.
Me dedico a recordar.

5

Se llegará(llagará)(llagará,llegará,
  llegará,llagará)
  a la presencia(ciencia,esencia) inaudita...
  auditada por los Entes Abismales de la
  mente rota.Mi
  boca temblará(temblor de flor en la boca,
  la flor del temblor,el temblor de la flor
  en mi boca sin boca,mi boca hecha flor

de temblores,de flores,de tiembla la tierra
en mi boca hecha temores de flores sin flores
las flores tiemblan en mi boca hecha niebla
de temores de temblores de mi tierra en la boca)
Se llegará llagará llagará llegará llagar llegar llegar
Sé
moscas
moscas
moscas en fiesta
molestarán al martír de la Poesia
(Poesía es tu tía
Poesía es tu tía en tu tío
Poesía es
lo que Sé
moscas
moscas
moscas
en siesta)
Un pedazo de eso (simplemente eso)
la simple mente de eso eso eso eso
dejado en la Antesala de la Nada.
Podré recordar (recuadar,recuadrar)
los otros detalles cuando halla(canalla)
de una vez y para siempre,0/l/V/I/D/A/D/O
el
L/E/N/G/U/A/J/E de los Otros++++++++++
No no no no no no no no no no escribo
con el el el el el el el el el el el próposito
de
COMUNICARME
$$$$$$$$$$$$$$
sino de de de de
descomunicarme
deslenguarme
desconocerme
///////////des...
hace una noche en verdad (la verdad de la
verdad es mortal,ver la verdad de la verdad
es ver el no ver del vecino-en medio de la

visita de la vecina)
cadavérica y horripilosa
rica en monstruos y pesadillas pegajosas,
inivitación formal a la epilepsia,
inicitación hormonal al mal
hace siglos la tele se fue a dormir
dormir dormir dormir dormir morir
(hace siglos de siglos de siglos no
no no no no no no no no duermo)
En las altas horas de la temible
(sensible e inmedible)Oscuridad
encuentro a mi nosublime Musa.
Impredecible entonces el próximo
segundo(habrá o no habrá otro mundo)
Fácilmente (tu mente fácil es capaz de
todo Amor mío)se podría escuchar
la detonación de un 38
y y y y y y y y y y y y y
mañana la prensa tensa se encargaría
de mi posteridad
pero pero pero pero pero pero pero pero
soy puertorriqueño
prefiero asesinar,es mas lírico psíquico
onírico
Además tengo unas cuántas deudas
por saldar cuáles me
IMPOSIBILITAN el sueño
hace siglos siglos siglos siglos
nooooooooooooooooooooooooooo
d---u---e---r--m---o
Mi venganza///Algún día////S
erá
////Y pobrecitos de ellos
EU EU EU EU EU EU
+++++++++++++++++

6

```
m---Úsica---dientes---bostezos---
m---Úsica---cuerpos en el piso---
m---Úsica---sexos enrojecidos---
m---Úsica---m---Úsica---M---Úsica
 M---usa---M---usa---M---usa---
 m---(dientes)Úsica---ostezos(b)---
m---(clientes)Úsica---uerpos(c)---
M---usa---M---usa---M---usa---
d/i/e/n/t/e/s/c/l/i/e/n/t/e/s/p/i/s/o/
 m---Úsica---m---Úsica---m---Úsica---
dientesbostezoscuerposenelpiso
 sexosenrojecidostiernosasesinos
 clientesdormidoslamusaesunlatido
 M---usa---M---usa---M---usa---
 m---Úsica---m---Úsica---m---Úsica---
s/i/l/e/n/c/i/o/s/i/l/e/n/c/i/o/s/i/l/e/n/c/i/o
```

7

El tiempo murio murió
 la muerte del tiempo murió
 en el silencio poseso
 de besos apestosos.
 La peste del beso escribió escribió
 la carta primera de la última primavera
 pues cuando tiempo quiso cuerpo
 cuerpo pudrió al fantasma en la manzana
 y jardín persiguió la bicicleta
 bicicleta del coño
 coño gruñón gruñón
 y cuando silencio durmió durmió
 el espejo corrió corrió
 por la cama mojada
 y agua descubrió el alma
 seca en la mirada
 y sucia esperanza quiso
 un poseso de tiempo en el silencio
 cuando tiempo murió murió

y el tiempo de la muerte murió murió
y besos apestosos besaron los ojos
los ojos del beso besado por los locos
que escribieron
que escribieron
sin querer
lo que la noche ensució
con tan diurno placer.

8

}}}}}En un cuarto
 }}}}}}el tiempo alargado
 }}}}}}una cama y una silla y una mesa y....
}}}}}}}}}}}}}}}}}}misterio
}}}}}}}}}}}}}}}}}}roncando
letras color sangre-voces dentro del armario
}}}}}}}}}preguntando
}}}}}}}}}}}}}}}}}por
}}}}}}}}}}}}}}}}}}}}}}}}la suerte
}}}}}}}}}}}}}}}}}}}}}}}}}}}}}}}}}}}del
}}}}}}}}}}}}}}}}}}}}}}}}}}}}}}}}}}}}}}poeta...

}}}}}}}}}}}}}}}en un cuarto
}}}}}}}}}}}}}}}}}}}}}}}}}pocilga
}}}}}}}}}}}}}}}}}}}}}}}}}}}}}}}ocurren cosas
}}}}}}}}}}}}}}}}}}}}}}}}}}}}que ninguna filosofía
}}}}}}}}}}}}}}}}}}}}}}}}}}}}jamás podrá explicar.
}}}}}}}}}}}}}}}}}}}}}}}}En un cuarto:
}}}}}}}}}}}}}}}}}}}}}}el tiempo alargado
}}}}}}}}}}}}}}}}}}}}}}}}}}}}}más allá de
}}}}}}}}}}}}}}}}}}}}}}}}}}}}}}}}}la cronología
humana...
}}}}}}}}}}}}}}}}}}}}}}}}pocilga donde hasta el excremento
}}}}}}}}}}}}}}}}}}}}}}}}}}}}}es poesía.

9

en la carátula oscura del humo
en los hábitos pálidos de pensador

en los espejos rotos del recuerdo
en los baños calientes del amor
estoy estás estamos
esperando el año del tigre
el año del zarpazo en las entrañas
el año del llanto universal
estás estamos estoy
esperando
lo mugriento del tiempo
la carátula oscura del disco de humo
humo en los párpados
humo en las orejas
boca de humo hablando relámpagos
cuevas humanas buscando luz
dónde estás tú
llorando el año
de la espuma
y dónde estoy yo
masticando
las sonoridades del pan
confesando la soledad
del año comunitario

10

mi cuerpo
 la base para la estructuración
 del deseo
 la vagina activa se desliza li-
 bremente entre las sábanas sin
 freno alguno
 °°°

 la misma vagina,
 la tuya que es la mía
 pero acompañada
 de otras formas
 corporales,
 los Entes Penetrantes
 comienzan ahora
 a hacernos suyas,
 nuestras hendiduras
 se abren a recibirlos,
 temblamos y la boca abrimos
 cual sedientos abismos
 para que ellos entren
 dentro de nosotras
 abrazadas,agarradas la una a la otra
 sintiéndonos una sola
 entre los rítmicos movimientos
 que cada vez
 agrandan ese espacio
 que vibra entre nuestras piernas
 nos entregamos completa
 a esos puñales de carne endurecida
 somos la misma vagina
 pero ensortijada ahora
 de las emanaciones
 de los Penetrantes llena
 viviendo una odisea pegajosa mi cuerpo
 que es el tuyo
 las dos insertadas dentro
 de ellos

sintiéndo en los adentros
el deseado néctar
escancíandonos completa
mientras tú me besas yo te beso
toda la noche
somos una sola
vagina,activa
ensortijada
entre las penetraciones
gozando al unísono
todos los placeres
que sólo las mujeres
pueden tener.

11

dato revelante
 irrumpe en llanto
 y no conoce
 a mal donado
 pero admira
 los muchos talentos
 ya sea en el arte
 de la cama
 o de la cocina
 dato revelante
 prepara un video
 de no más de 2 minutos
 para explicar
 el origen del mundo
 y el por qué la felicidad
 estará desde ahora
 en un periodo permanente
 de cuarentena
 dato revelante
 dice es
 una gran oportunidad
 para presentar
 faceta oculta

de tu mami
que demuestra
toda la oscuridad
que lleva dentro
desde que tú naciste
y que ha desarrollado
durante todos estos años
de tu bufa existencia
de chinas x botellas
dato revelante
alega todo fue
un accidente afortunado
y es bello
porque es la historia
de alguien que se
enfermó en una avión
rumbo al carajo
y a instancias
de su madre
comenzó a usar
máquinas
para materializar
orgasmos
a todas horas
dato revelante
dijo"yo lo´único
que hacía era
darle las cotizaciones
y si me ponen
las máquinas ahi
yo no las entiendo"
dato revelante
afirmó
"no soy profesional
del sexo
para que me enviaran
allí para bregar
con masturbaciones"
sin embargo

dato revelante
ha indentificado
a otros suplidores
de orgasmos
dato revelante
alegó desconocía
cuales eran los rituales
más allá de seducir
a la figura de mayor poder
más adelante reconoció
"estuve en salud sexual"
mientras los llantos de Cabeza
de dato revelante
dio a entender
posibles delitos
en el proceso de castración
del epidemiólogo

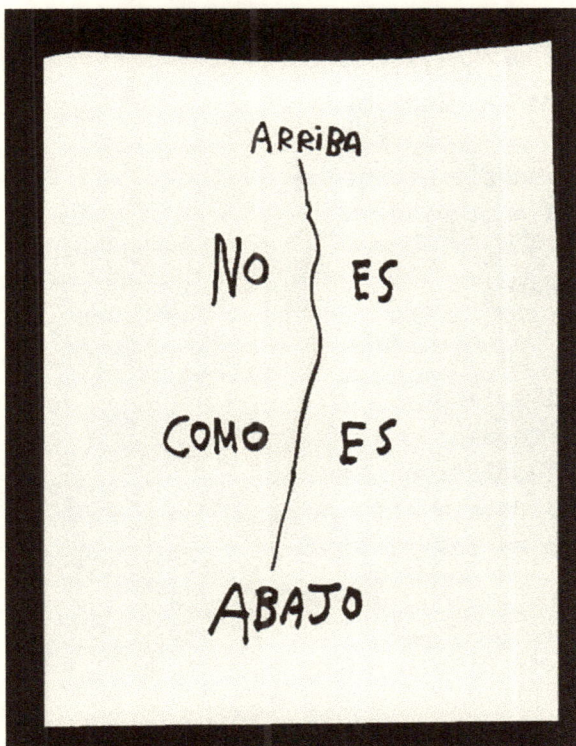

12

edifico lento el edificio:
 encendida torre,
 ritmo delicioso
 deslizándose
 por la negra
 red de mis palabras.

torturas conozco como
 íntimo destino.
 muerta toda honorabilidad,
 salvaje destino practico
 a solas
 en la habitación
 del hábito.

solaz será en los días malos
 y noches peligrosas.
 bienestar común a las momias
 y viajeros racionales
 persiguiendo la flor única.

el edificio anhela eternidad.
 sobrevivirá a mi vida,
 será joya hurtada
 a las fealdades
 que compusieron mi prisa,
 los gritos,
 esta ritual soledad
 de albañil tardío,
 desesperanzado del éxito,
 laurel huyéndole a mis manos,
 rota la red de las palabras.

***

 a pesar de la nieve
 arde el edificio.

vive de abismo en abismo,
 feliz como un niño,
 amanecido calle,
 jugando a todas horas,
 sonrisa eterna
 en mugrientos labios.

mi edificio ya ni mío.
 sera,
 oh macabro espectador,
 tuyo
 (tu yo)
 para que lo destruyas
 o habites
 según te plazca.

***
 el edificio posee piel
 y sangre.
 rodante voz.
 rueda cayendo
 de nube milenaria,
 cueva personalizada
 donde tapiar los soles
 de las edades
 de intensas soledades monocordes.
 árbol de la muerte,
 el edificio que piso tembloroso,
 hilando las verdades de los pobres,
 arrastrando su tedio por el mundo,
 este vacío de todos conocido y admirado.
 árbol de la vida,
 el edificio que toco adivino
 de esa divinidad mancillada
 por la cortante rutina del dolor.
 sufro como todos,
 levanto como nadie en la tormenta,
 sombra y eco del ego bien escondido
 para que ninguno ose besar

la fugaz estampa,
débil promesa,
de tu imposible inmortalidad
labrada con la negra red
de palabras extraidas
al silencio intenso
de los días de amor en odio.

13

Largo es el día del cantazo
en la sucia suavidad salvaje

cantazo claro sin mostrar los dientes,
sin decir dolor te amo,haces de mi silencio
canción fuerte,
rota melodía ante
el placer que nos agobia
y nombra su labio equivocado

labio largo la poesía que cuento en blanco
suspirando sencillo rencor de niño oscuro
porque todo lo humano es cruento cuento
y largo es el día del cantazo sin retraso

sin retraso ríen las butacas y los magos
sin retraso tardó un siglo cada orgasmo
retraso retrato la angustia de tener
un sueño mojado,mojado y largo
porque largo es el recuerdo de lo seco
cuando naufragas mar adentro

cuando se hunde tu verguenza en el charco
ruidoso del deseo,
largo es el olvido,largo el camino repetido
y largo el pitido de tu corazón cansado
porque él ya sabe cuan largas son las mentiras
de los hombres que intentan dominarnos
y si lo logran largo muy largo sera el aplauso

y tú aplaudiras con ellos
porque larga es la caída de los sueños
caen como truenos sin relámpagos
o corderos montados sobre asnos
y largos los gritos en la noche
cuando no hay nadie dispuesto a socorrerte
y larga la memoria del torturado

por eso amor torturame con amor largo,
en el día del cantazo torturame amor
con precision,
no me dejes ni un solo hueso sano
que largo es el dolor cuando te llamo
y tu clara voz no me responde

largo es el deseo de saberse cuerdo
en medio de tanto desatino,
destino mío desearme sabio entero
poco a poco alargando mi ignorancia

mi ignorancia larga como un sueño
pesadilla de quien solo agonizando sana
con el más largo bostezo

largo bostezo que retengo cada noche
en cada beso
que me da la nada en su memoria
sin recuerdo

largo sentimiento que describo a pesar
de estar prohibido,
me prohiben largamente ser distinto

y un recuerdo sin memoria lento me persige,
lento aprendizaje que no entiendo
y ya no intento retener
porque lento no es el tiempo
tiempo lento no poseo

no poseo el mar de cosas que deseo
no hay eternidad a largo plazo
lo que me queda es plazo corto
y lo corto me da rabia y desespero

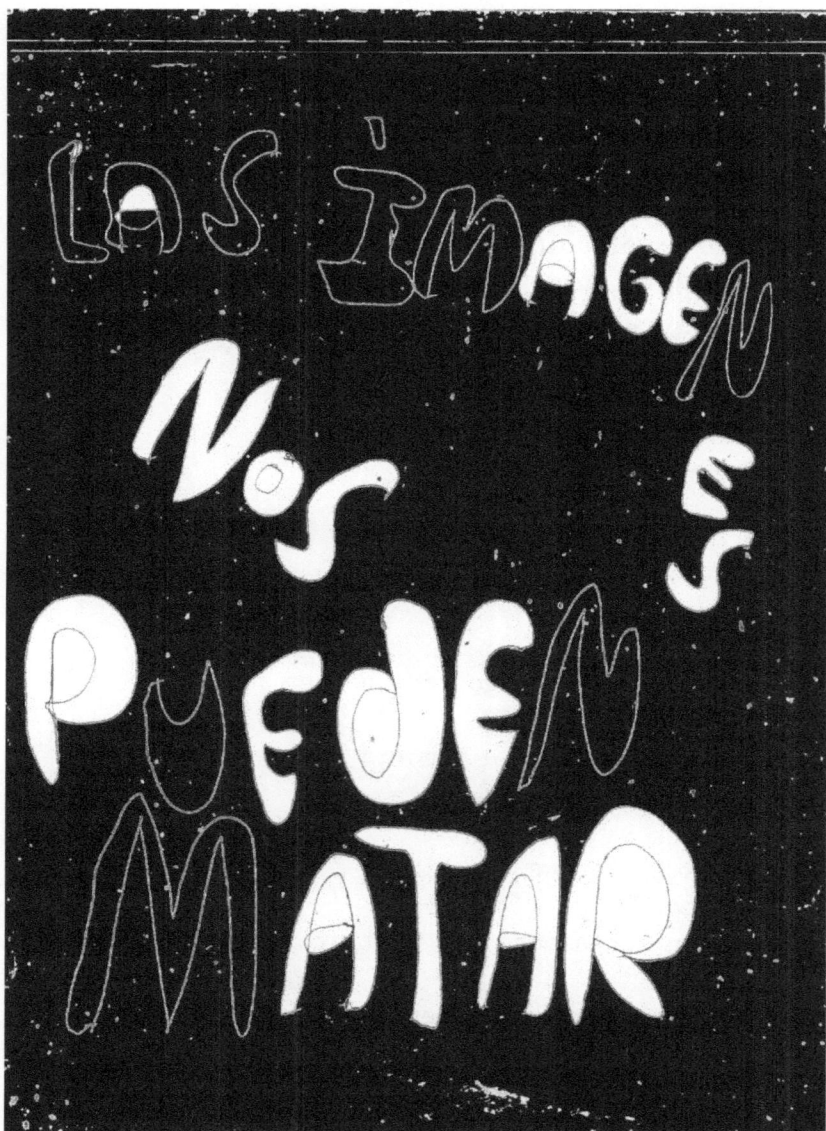

LOS RASPUTINES MODERNOS Y OTRAS ANOTACIONES

Los rasputines modernos
 en la noche fría
 -la noche fina-
 cargada de orgías;
 raspan la prosaica lira
 de uno comprenderse
 borrachón de cien años
 en el sobrio cementerio
 del presente
 (un absoluto cubierto
 con pomposa formalidad
 por camareros ruisueños-y-
 profesores de calma ortografía)
 o humo de botella abierta a golpes de martillo
 pero ya sabemos que somos
 el bostezo mejor
 de la madre,muy madre tierra.
 Y se hace baile o tal vez disfraz
 la tartamuda tristeza
 de nuestra vieja oscuridad
 y de la sucia vida(neón de
 algo prometedor en todas
 las esquinas)
 baile donde no cabe ni existe
 ni siquiera una
 mísera migaja de tiempo.
 Baile...quizás...de viento
 o de...tal vez ...silencio.
 Pero cambiando de música...
 hablándome conmigo
 (en el inodoro-solitario)
 mis palabras me recuerdan mi mente ida
 o cualquier otra sonrisa de sabia idiotez,

la ida mente que borra con mentiras
físicas...palpables...
los vecinos cuerpos de la gente a mi arrededor.
La que fotografía emociones áureas
y anota esos dramas invisibles que
ocurren en falsas escaleras
...como un amor epistolar entre cejas...
o esas sillas giratorias girando toda
una ejecutada eternidad
desde el día sin noche-y-desde mi
noche sin día.
-Así mismo como me salen
los muertos queridos
en ruidosos cañaverales
o en el aburrimiento largo,espumoso,
de las bromas con pito,flauta y biombo,
ellos:en la memoria
son los vivos perdidos
de mi arqueológico amor,
mis huiditos niños
de mucho mucho pan
y poco poco vino.
Hay que verlos desaparecer
en el viento para no creerlo!
Ay libretita mía escribe por mí esta tragedia!
que tengo que encontrar las huellas que
olvidaron por ahí mis propios huesos,
que tengo que rellenar con fantasías
los huecos que cavaron los nichos de la vida
pero cómo se me va y cómo me vuelve con
cada otoño de parálisis
y juerga de primavera
esta hambre vomitera
de mierda de estrella!
Sabio deseo es ay,
ser uno con la
baba de los perros!
desaparecer en un
muy verde perecer

de negro vértigo
y narcotizante hediondez.
...Que la felicidad no me atrapa es
un clásico caramba pero así me libro de
la asquerosa nada social,del vacío laurel
que traen consigo los amigos.
Así como un pájarito escurridizo
celebro toda derrota con fiesta de caminos.
Saludo todo con un tibio saludar.
Y beso mi antigua desnudez,
y lamo mi antigua desnudez
con este frío valor de ser
musaraña hablada-y-
musaraña callada.
De ser únicamente, la sombra de mi sed.
Pero pido ayuda a los duendes de la destrucción,
a las blancas hadas de la muerte,
a las negras parcas de la justicia
....la justicia entendida al revés-
para que mi silvestre tonadita les persiga
por los siglos de los siglos del amén
como una mano subterránea a ustedes,
niños lindos del automóvil,
de la novia pura y casta y domesticado clavel
y no intenten saber por qué
únicamente,
la rosa del asco,les
sabrá responder.

segunda parte

Invitación al espejo
la casa que rie
la sombra que habla
los tacos que suenan a mariposas
y la sangre que llora
la sangre que llora cuartos
cuartos donde me escondo
me pudro y me escondo

49

cuartos donde lloro
mi sangre
sangre que llora
cuartos
en la casa que ríe
cuando la sombra que habla,habla
y los tacos que suenan a mariposas,suenan
suenan y se esconden
en el cuarto que llora
sangre que llora
¿quién habla? la sombra
¿quién ríe? la casa
y en los tacos suenan las mariposas
las mariposas que en un cuarto lloran

Invitación al espejo,,,,
  al espejo,,,,
  al espejo de la casa que ríe,,,,
  al espejo de la sombra que habla,,,,,,
  al espejo del cuarto que llora
  Invitación.

ELLA
CAMINA
SOLA

ELLA RECUERDO ELLA AMOR ELLA OLVIDO

Recuerdo el primer ruido
 ...mi primer cascabeleo de la palabra dentro muy dentro
 -de cabeza.
 Como sonido giratorio
 Como poema de petróleo
 Como orgasmo vibratorio
 Como yo en los costados de

una mujer haciendo espacio
 para meter mi alma y coger
 alivio.El culo Inmenso
 }}}}}}}}}}}}}}}}}}}}}}}}}}}}}}ay
 }}}}}}}}}El culo Inmenso
 }}}}}}}}}}}}}}}}}}}}}}}}}}}}}}ay
 }}}}}}}}}El cuco dentro
 }}}}}}}}}}}}}}}}}}}}}}}}}}}}}}ay
 }}}}}}}}}El cuco dentro
 }}}}}}}}}}}}}}}}}}}}}}}}}}}}}}ay
 El inmenso cuco dentro
 del culo Inmenso!

...Me siento sombra hablando
 ++me siento sombra perspirando
 luz-pepa de luz en el cráneo de flor
 como flores en la calle,allí,en la calle de las
 flores.Y por fin grito:
 }}}}}}}}}}}}}}}}}}}}}}}}}}}}ella
 }}}}}}}}}}}}}}}}}}}}}}}}}}}}ella
 ...la que metió el dedo músical
 }}-y-
extrajo un seso
 del sexo de niño muerto
 que era destino:pájaro
 y zumbido de mosca
 en la mosca del zumbido.
 Niño narrativo
 de peregrinas cosas

sin sentido.
Mucha mucha lluvia en sus recuerdos
mucha mucha lágrima en su cielo
y ella,desnudita,metiendo
hasta mas no poder
y el niño esclavo,dichoso,dichoso,
de su amada
ama.
Bebiendo todo el sudor que su reina
ambidiestra
quisiera,
lamiendo la
bella tierra
de sus piernas
melódicamente
sostenidas
en la experiencia nocturna
de un cuarto a oscuras,
a puerta cerrada.
Ella,amándole por dentro,
por fuera,
vieja maga de la carne ya gustada.
Y el niño esclavo ya
desgustado,ya desbustado.Y vino
y mari

...juana.Ayer todo fue amor en 4 patas.
Hoy todo es 4 bofetadas
de desesperanza organizada
rítmica y métricamente.
Orgía de orejas
y dia de noche encendida
con lámpara de vida desperdiciada
}}}}}}}}}}}}}}}}}}}}}}}}}}}}}}pero...apagón de
la arcilla y,ultrajada la vegetación interior.
-Muerte
}}}}}}}}es
-fuerte.
Mañana?

Mañana tendré más maña.
Y la voz dijo que Ncar
era serio
pero yo reía (ahora estoy muerto)

Primavera petrificada
-piedra mundo,
mundo de´piedras...
está cárcel nos consuela.
Únicamente la verdad cabe por la boca cuando
esta se cierra para no abrirse jamás y nunca.
¿Paz hay?
O,siniestra suavidad de piernas!
Lengua de azúcar,
miel de melódico meao chorreando
desde el techo
de ayer,hasta
el borrón de tinta brava
de hoy-para mañana!
y tachamos la hache
de la heroína inyectada
entonces,aplauden las hormigas
o repican sabidurías
las mágicas campanas de no ser nada.
Vamos,fumate chivo por las ramas
que el grande árbol
es hoja enana.
Carnaval
Carnaval
-y-Carnaval
es la primavera petrificada,
carnaval de las aguas,
-un panti de esa mujer en la cabeza.
Así,ella:
disfruta mi bruja fruta,
penetra su seno duro y bueno
...me tiene que roer,ay,mi señora
que me faja pa joder.
Ella que es la estrella mejor

y la amiga de la humanización
de los deseos del dedo
-la escribo con letra mayor.
Su ombligo sabe a cielo!
Carnaval grotesco es el amor,
primavera de penetración.
Trova y trova mi ruidito de placer,
con pompa de amor y de pasión
ella goza mi ser,
penetrándome por el sacro rincón
de mi mudez.
Ncar sabe la verdad(pero al revés)
Se llama ella recuerdo
++++++++++++++++++pero
yo la apellido amor olvido,
lo muy desconocido...tan querido
ahora frío...distancia-
eco de sombra grata.
Se dispara la vida a fuerza de humo
y gira,
ya comida la manzana
y un simio en la mirada.
Extraña flota de cosas a punto de
bailarse más allá
de la música de palabras,
caótica la recta línea en esta X de locura amada.
Loca poesía del cuerpo en lo que el
Ártico nevaba.
Y es vida a 2 pasos lentos de nulos mulos
-y-un nudo apretado en la garganta.
Ojo que habla por el mirar que calla,
grata ingrata
pero recuerdo otra palabra

Ay desnuda alfombra de mis pisadas!
 oh,yerba trágica!
 qué me trage la distancia!
 ...se olvido mi tono de nada.
 Nadie sabrá las 4 patas

y los orgasmos que ella me daba
todo el tiempo.
Habrá mucha abeja ahogada
en la lira dramática
}}}}}}}}}}}}}}}}}}}}}}}}}}-pero-
cómico
  cómico
  cómico
-comediante cónico
  te llaman
  la gente buena
  ...que son esa gente mala.
Toca
  aprieta
  o suena
  detrás del
  baúl melo-
dramático,
  }}}}}}}}}}}}pero
  cierra la puerta
  para celebrar otra
  ritual masturbación
  por ella recuerdo.
  Iceberg todo tiempo-
  que cuando me entraron
  nada fue mejor!
  Dedicate ahora
  a delicar pañuelos
  o hazte verso mayor
  desde aquí(olvido de cielo)
  hasta infierno de ella amor.
  Ncar entró por el espejo
  a su realidad de cómico cero.
  Y el triste en carcajada libre
  recomenzó a soñar el mismo sueño
}}}}}}}}}}}}}}}}}}}}}}}}}}}}}}}}}}}}}(de nuevo...

Voy

DE GIRA ETERNA

por tu sexo,
amor.

Escucho la campana.
Tiemblan las orejas en las piernas que
     corren
sobre el agua;sobre la dulce nada re-
    tratada
las orejas tiemblan como almas,
como voces de niños en la mañana
tiemblan las orejas recordando
el silencio de unos ojos no míos sino del
     otro
que aún no existe,a pesar de las estrellas
el otro no existe todavía,
todavía no duerme,no sale de su casa
o da los buenos días al perro de su calle
y no repite toda esa vida suspendida
en la idea de la caida
del alto de la montañana
cuando aún no escucho la campana
la campana de la iglesia
que es la campana de la huida
que no escucho todavía;
que no sale a su oficina,
el que no existe,el que no grita,
el que aún no se irrita
con el volar de las palomas,
el que no se desliza
por la sábana mojada
o llora sin consuelo
recordando al que ya existe
pintando en un cuartucho
el retrato
del que no existe todavía.

CORO

  Subterráneo y guitarrero
  buscador de verdades sin reloj
  Sonero y soñador
  de amores sin condón

Persiguiendo yo lo ví
  la gacela de los sueños
  por el paraje del horror
  iba como un sol
  en noche de pintor

Los días que yo fuí
  testigo de su voz
  ahora son espejos
  de carnívora illusion

Por la vereda del recuerdo
  se ahoga la emoción
  Lindos son los muertos
  que renacen en tu amor
  El miedo es un consejo
  del hombre sin canción...
  Hay un mundo nuevo
  que revoca
  la antigua division
  entre el siervo y el señor
  porque ay lindos son los muertos
  que viven en tu amor
  gacela de los sueños
  que por el paraje del horror
  vas corriendo como un sol
  en noche de pintor

CORO

  Subterráneo y guitarrero
  buscador de verdades sin reloj
  Sonero y soñador
  de amores sin condón

CORO
 Los días que fuí
 mudo testigo de su voz
 ahora son espejos
 de canívora ilusión

---

poema sonoro

ti ca pre
 ente pa fu
 irda tas do

la nochi pe
 la nochi pa
 la nochi pu

nochi ti ca pre
 nochi ente pa fu
 nochi irda tas do

la ti nochi ca pre
 la ente nochi pa fu
 la irda nochi tas do

pe la nochi
 pa la nochi
 pu la nochi

letri nochi ti
 letri nochi ca
 letri nochi pre

pre letri nochi
 ti letri nochi
 ca letri nochi

letrin letrin
 trinel trinel
 nochi ente pa
 nochi ente pu
 nochi irda tas
 nochi do pre
 letri letri letri
 nochi nochi
 chi chi chi
 no no no
 no chin no
 chi non chi

ti ca pre
 ente pa fu
 irda tas do

la nochi pe
 la nochi pa
 la nochi pu
 ta

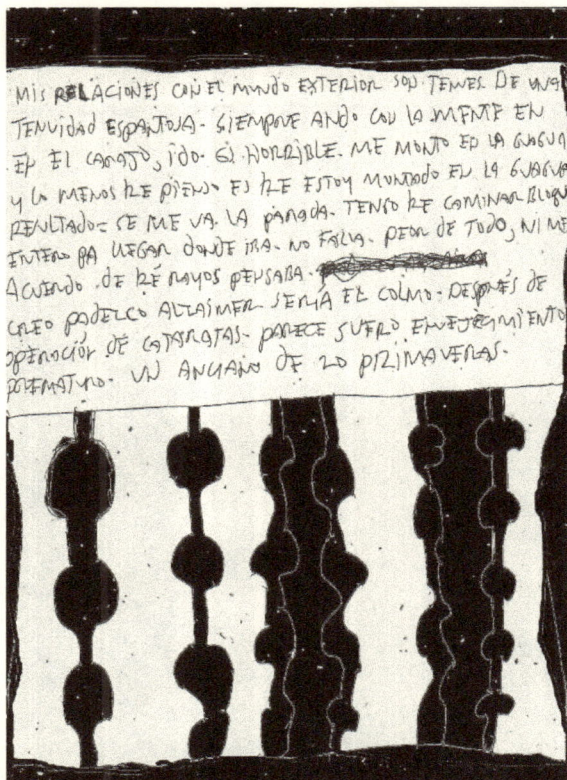

yo imagino que soy lindo como un feto
 yo camino por la calle para imaginarme el mar
 que no es lo mismo que el mal que siento cuando piso
 un tierno fragmento de excremento de perro
 no es que tenga algo en contra de el animal
 animales somos todos
 y a todos nos anima un poco de mal
 luego de hacer mucho bien para que no digan
 o se percaten
 de lo malo que somos en verdad
 en verdad mi imaginación no imagina nada
 que es lo mismo que decir que cada vez imagino menos
 o que cada año escribo peor
 o que del amor ya no conozco ni un pelo
 o que cada mañana me veo más simio y menos ciego
 pero repito yo imagino que soy más lindo que un feto
 o sea que soy mucho más hermoso que tú
 tú que siempre te peinas con la peinilla de otro
 ya que como ustedes saben mi imaginación nunca inventa
                                       nada nuevo

Ludir

Lúdico
La luz
La palabra
Escueta
La escuela
Del amor
La secuencia
De los golpes
La cerveza
La manzana
En la mañana
Ave de mi cama
La alegría
Vestida de poesía
La huida
De la prosa
La fugitiva presencia
De la carne
El beso
Negado
El deseo
De abrazarte
El arte
De olvidarte
La nada
Para mí constante

Gritos estallan.Nubes lloran.Zapatos
  saltan los muros.
  El mundo:empequeñecido.Un fantasma
  en la ventana.Botas corren solas.
  La calle,llena de telarañas.
  Estallidos,repetidos.Los gritos
  son estatuas.

El viento,dispersando.
 Lluvia esperando rosarios.
 Los muros saltan el mundo.
 Zapatos bostezando diarios.
 Letras impresas en nubes.
 Ventana llorando telarañas.
 Calle:llena de estatuas.

Estallan los fantasmas.Acertijos
 en las sombras.Botas corren solas.
 El corazón explota.Botas lloran
 zapatos.Gritos golpean la cara.
 Narices sangran.Botas aplastan
 rascacielos.El hielo

quema.El hielo estalla.El hielo grita
 malaspalabras.El hielo enamora al fantasma.
 La calle anda,llena de botas-Botas corren
 solas:el hielo las emboba,hielo en los gritos,
 nubes lloran acertijos.

Fantasmas de hielo en la ventana.
 Aventura nocturna.Repiticiones cotidianas.
 La calle dura;llena de estatuas,
 donde botas corren solas
 y el corazón helado explota en sombras.

Rosarios esperando crucificciones.
 Gritos estallan.Nubes lloran.
 Zapatos escupen diccionarios.
 El sol gime como puta.Sexo en la esquina.
 Baratija del cuerpo.El hielo masturba.El hielo suda.

El hielo estalla.El hielo grita.Botas
 corren solas.Zapatos bailan.Zapatos orinan.
 Zapatos cansan.Zapatos emborrachan.Botas
 corren solas.Gritos enamoran.Gritos azoran.

Estallan los fantasmas.Estallan los.Fantasmas
estallan.Las ventanas hablan.Fantasmas
estallan.Los gritos se paran en la cuerda floja.
Estallan los fantasmas.El hielo quema.Nubes lloran.

Fantasmas estallan.Botas aplastan rascacielos.
Botas corren solas.Fantamas estallan.Botas
bailan.Fantasmas estallan.El hielo canta.
El tiembla.El hielo peina el cielo.

Gritos estallan.Nubes lloran.El mundo:
empequeñecido.El mundo ido.El mundo
cansa.Pobre mundo,aburrido acertijo.
El mundo estalla.Narices sangran.Nubes lloran.

El viento dispersando.La nada soplando.
Las velas silbando.La casa temblando.
El llanto bostezando.La calle corriendo.
Y el poema,destartalado,defecando.

Poema defecando.Poema defecando.Prosa
orinando.Pero poema defecando.Y la calle
caminando.El sueño disimulando.Zapatos
los muros saltando.El mundo estallando.

Y prosa orinando pero poema defecando.
El hielo suda.La noche masturba.El sol
gime como puta.Y estallan:mundos
y fantasmas,estallan.Botas cantan.Nubes lloran.

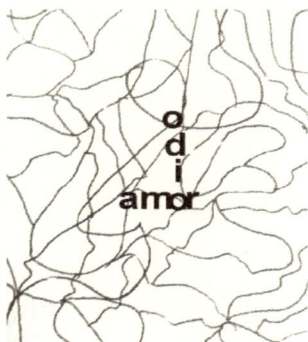

La espada traspasa la estrella
 mientras la bruja se va de fiesta
 montada en su escoba lisérgica
 gotas van lentas salpican los sembradios
 de la prudencia
 y una luna multicolor en tu maquillaje tiembla
 lágrimas austeras desde lo alto van regando
 lo insufrible de ser feliz
 prisionero del agua.
 El sotano habitar de la libertad
 entre montañas que te invitan
 a traspasar con una espada
 anarquica
 la colonizada estrella de la esclavitud patria.

---

saber que no soy quién
 aquí está
 yo no soy el que se
 sienta en esta silla
 ante esta mesa
 no quíen recupera la distancia
 entre el yo que no he sido
 hace meses
 el que hace años he dejado
 de ser
 el que temprano decidió
 no ser
 el yo ya sido
 ya me he ido de mí
 otras veces
 pero siempre regreso
 más joven que ayer
 más viejo que hoy
 más necio que mañana
 saber que no soy yo quién
 decide
 lo decidido
 que me decidieron

antes de haber nacido
que escogieron mi camino
sin consultarme
me dieron un nombre
sin preguntarme
que me asesinaron
sin matarme
todo en nombre del amor
y los genes
y la gente impuesta
por nadie sabe quién
para hacerme compañia
y la crianza
saber no soy el crío
que criaron
en guanajibo
saber los niños muertos
de guanajibo
siempre andan conmigo
en todas partes
saber de las artes
del no yo
saberme nada importante
y disfrutar
quién soy no siendo
el que otros quisieron
yo fuera,
así afuera
de todos
y dentro de nada
sentado en esta silla
ante esta mesa imaginaria
trazo mis trazos diabólicos
para a todos olvidarlos
en lo umbrátil
del desnacer
niño muerto
en guanajibo

serenoymonocordey
peligroso

SIGNOS

1

A aaaaaaa aaa a a a aa a
 ´++++++´´´´´´´´´´´´´´´´´´´´´
 ´tttttttttttttttttttttttttttttttttttttttttt
 +++++++++++++++++++++}
 aaaaaaaaaaaaaaaaaaaaaaa
 úúúúúúúúúúúúúúúúúúúúúúú
 tttttttttttttttttttttttttttttttttttttttttttttt
 +++++++++++++++++++++

vivo
 atado
 a mi
 ataúd

+++++++++++++++++++++

2

}}}}}}}}}la pureza!!!!!!!!"""""""""""""""""""
 está oculta$$$$$$$$$$$$$$$$$$$$$
 mientras la poesía
 mientras la poesía
 mientras la poesía [trabaja la calle
 para $obrevivir]
 y me acuerdo de la revolución
 que NO llega}}}}}}}}}}}}}}}}}}}}}}}}}}

66

```
+++++++++++++++++++++++
]]]]]]]]]]]]]]]]]]]]]]]]]]]]]]]]]]coño}}}}}
```

3

```
la+++++++++++++++++++++++++en
 la noche pobre de amor roto}}}}}}}}}}}}}
 en tiempo de andemia{{{{{{{{{{{{{{{{{{{
 buscando paz en el caos casero{{{{{{
 buscando a eros en el tao casero{{{{{
 prisionero_____
 del cero en el cero del cenicero---------
 se esfuma un mundo!!!!!!!!!!!!!!!!!!!!!!!!!!!!
 se desnuda una tumba!!!!!!!!!!!!!!!!!!!!!!!!
 con cero muerto dentro"""""""""%%%
 ya me veo en el centro de otro universo
 &&&&&&&&&&&&&&&&&&&&&&&&&&&&
 hecho un%%%%%%%%%%%%%%%
 de sueño oscuro y perverso==========
 realizando todos mis sexodeseos en
 estructura ajena//////////////////////////////
 la ++++++++++++++++++++++++++
 que me acompaña vuelta vagina sobrehumana
 ####################################
 -------------------entre la nada que es mi cuerpo
 -}}}}}}}}}}}}}}}}}}}}}}}}y el recuerdo de unas manos
 cortadas!!!!!!!!!!!!! en!!!!!!!!!!!!!!!!un!!!!!!!!!!!!!!!
 ===================estadio chileno!!!!!!!!!!!!!!!!!!!!!!
 [[[[[[[[[[[[[[[[[[[[[[[[[[pero]]]]]]]]]]]]]]]]]]]]]]]]]]
 [[[[[[[[[[[[[[[[[[[[[[[[[puñeta]]]]]]]]]]]]]]]]]]]]]]]]]
 [[[[[[[[[[[[[[[[[[[[[[venceremos]]]]]]]]]]]]]]]]]]]]]]]
```

4

```
+++++++++en la horca++++++++++
 ***********hay una holgura*********
 }}}}}}}}}}}}}}}que conforta{{{{{{{{{{{{{{{
```

67

::::::::::::::::un charco blanco::::::::::::
========que recuerda========
_____esponsales_____
""""""""""""""una dulce hematosis::::
_____un hender de siglos___
=========sabor a confitería====
y la conspiración de la ley$$$$$$$
para féretrear a los que no comulgan
con las leyes!!
qué el aire le sea leve y la cuerda floja
pero"""""""""""""""""""""""""que su"""""""""""
contumacia nunca se extinga/////////////
y que regrese de algún modo"""""""o
otro a vengar su suerte=========
y castigar sus jueces+++++++++++

5

[[[
]]]
]]]
[[[
 muro muro muro muro muro muro mu

[[[
]]]
[[[
]]]
 ro muro muro muro muro muro muro

6

´+}{+}{+}{+}{+}{+}{+}{+}{+}{+}{+
VVVVVVVVVVVVVVVVVV
ZZZZZZZZZZZZZZZZZZZZZZ
eo eo eo eo eo eo eo eo eo eo
dddddddddddddddddddddddddd

AAAAAAAAAAAAAAAAAAAAA

m m m m m m m m m m m

aaaaaaaaaaaaaaaaaaaaaaaa

m m m m m m m m m m m

á á á á á á á á á á á á á á á

+++++++++++++++++++++++

[[

]]

dadá dadá dadá dadá dadá da

[dá][dá][dá][dá][dá][dá][dá[dá][dá]

rerererererererererererererererere

voluciónvoluciónvoluciónvolución

---

la puerta la muerta las preguntas

lo qué no sé lo que se fue lo que mordí lo que
perdí

iiiiiiiiiiiiiiiiiiiiiiii

un hueco grande

una muerta que me besa toda

esperando placeres en la puerta de la nada

No importa qué suceda
 la clase comienza a la misma hora/
 Los muertos salen de sus muertes
 hacia las sillas concupiscentes/pupitres asignados desde
 siempre,en el inicio de la hembra helada y el macho
 hambreado de hedor hermafrodita,una niña y un niño
 jugando al hampón hereditario entre los reglazos del maestro,
todo hematoma el presagio de la anarquía que liberara
 al planeta de la escoria de los dogmas/
 brinca tú la tablita que yo ya la brinque de cabeza
 hacia el abismo sin ruta del caos
 y su hermético balance despreporcional/lo ignoto
 me es nombre propio y la historia legislada desapropio,
licuo abecedarios,alfabetos,almanaques,me hago trenzas
 con las osamentas de los heroes/soy solo una niña jugando
a ser persona grande e inhumana,y pronto
 migraré a otro miércoles sin cenizas.a otra escuela sin pared
 rodeada por los caballitos del diablo.

Los muertos salen de sus muertes
 mientras yo (que soy tú) entro a la vida
 comiendo cazuela
 ante la mirada centinela del maestro eterno
 leyendonos la última lección de la existencia
 no importa qué suceda.

---

pedazos de letras en los poros
 donde la noche penetra/
 imagen retratada en los gestos,
 en los gestos pedazos de letras
 en los poros
 de una cruel delicadeza,mueca
 de la sorpresa
 donde la noche penetra
 hasta los hombros
 alzados
 como letras ,como horóscopo,
 como letras en pedazos de
 muecas con resortes

donde la noche se amarra
se atasca
y se etcétera
una ventana entonces
camina por el hombre
letras son sus pasos
sus pasos son pedazos
de zapatos en los bosques
del quizás empeño
la quijada del sueño
será si gesto
en los bostezos de los poros
donde la noche penetra/
podrá morir en el florido lenguaje
de las flores,
claro,
con contundente costumbre
con quizás súplicas niñas
un niño será el hombro
penetrado por su raro
andar de hombre desnombrado
desrecordado
y estirado
elegantemente
como ecuación maternal
y en la antesala de la nada
su hambre de sombra en acción
desbaratando la puerta
por donde la noche penetra/
o será ventana quizás
o quizás macana de nada
macaneando la esperanza
en la cara larga
de la infiel almohada
por donde la noche penetra
como lenta y mareada sorpresa
ventaja en la caja
en la caja ventana
ventana la ventaja
que traga
lo que se amarra

lo que se atasca
en la quijada del sueño/
hombre hasta los hombros
alzados trapos recordados
en las manos
que tiemblan y no piensan
que se rajan y no amarran
pedazos de letras en los poros
dorados
sudados
despedazados
por el gesto del hombre
hasta los hombros
con los nombres alzados
cuando la noche penetra
la quijada del sueño.

El cero dijo a la equis:
 Este mundo no es entero
 Hay una parte que no se ve.
 La equis dijo al cero:
 Lo que veo es lo que veo
 Lo que no veo es lo que ya entendí
 El cero riposto:
 El gran ojo se abre como piernas
 en la noche del deseo supremo
 La equis susurró:
 Yo me entrego al mejor postor
 de mis anhelos.el más sucio y el más
 secreto,
 experto en los gozes sin nombres
 del amor poluto
 El cero dijo entonces:
 Los árboles bailan aplastados en la acera.
 Un torbellino de fantasmas con estrellas
 cruzan el espacio crucificado de tu última idea.

El técnico se suicida con un aguja hipodermica
fantaseando que dios tiene vagina,llueven centauros,
centavos,llueven palabras puercas de amor sm.llueve
llueve todo lo que nunca ha llovido antes sobre la faz
de la tierra,
hay una enjundia de orgasmos simultaneos
por toda la ciudad
La equis suspira:
Yo me encarno en el satán delicioso
de una carne sin ayer,nema.

Me acosté y maldecía la ocurrencia,
a mi costado crecía una flor
de mariposas negras
que interrumpian el fluir
de mi conciencia
y vacíaban mis sueños
en la libreta de algún desconocido
coleccionista de desastres astrales.
Mi rostro aratonado chispeaba cataratas
de cieno de ratas tumbadas patas arriba
en tierra androgina.Podia percibir orgasmos
de brujas en todas las cosas/la
venganza transparente de las magicas vaginas
contra el patriarcado.
Turbado multicolor sentí original lo espeso,
se me entumecía el miembro entre dos rocas,
al despertar ya nunca sería el mismo.
La flor de mariposas negras sus alas
penetrantes agitaba,
el suelo se tornó mi voz y mi sendero,
no quería levantarme.
Pero un cuerpo indeterminado vino a mi rescate,
me sacó de ello con un pecho de amazonas
y termine siendo el croto de sus nalgas
hasta el fin universal de lo disperso.

Salud
mental

alud
letal

Los ojos lloran estatuas
 Las estatuas son niños pobres
 Los niños pobres no se confiesan
 Los confesores ríen oscuramente
 En doradas parcelas
 Las confesiones huelen a nácar
 Los niños pobres no saben reír
 No saben reír
 Los ojos son las lagunas del alma
 Del alma nada se sabe pero todo está
 Escrito en cinco volúmenes
 Por el sueño íntimo se llega a tan
 Nebuloso predio
 Del alma los niños pobres saben mucho
 Pero dicen poco
 Tales nostalgias no están permitidas
 A tales horas
 Horas como ésta de la alegría muerta
 Escuchen las confesiones de las moscas
 Beban de ese cáliz
 Los niños pobres no saben reír
 No saben reír

poetas muertos
hablan a través de mí
una niña desaparece dentro del ombligo
de un vendedor ambulante de salchichas calientes
mientras donald trump se masturba
pensando en hilary clinton
y melanie se viene con un joven rapero del bronx
poetas ciegos
pintan a través de mí
una niña desaparece dentro del ombligo de un monje tibetano
niña que queria ser como melanie trump cuando fuera grande
ahora esta dentro de un ombligo ajeno en un monasterio en
                                            las himalayas
el actual presidente de estados unidos
y su primera dama
sueñan que le hacen el amor a fidel castro
poetas sordos
tocan regetón combativo a través de mí
una niña desaparece dentro del ombligo de un actor pornográfico
y baila hasta abajo
cuando la revolución estalla
y fusilan a donald trump
fidel castro y che guevara se mean de la risa
leyendo este poema

gente////////silencio//////dan//////hijos/////estatuas/////

ah   ahora ah ahoga

estatuas/////////dan//////////hijos//////silencio///mentes/

se ahoga gente////en el dinero////sin eros///////suerte//

dato revelante///////revela asco generalizado////muy///

excitante-espectáculo-urbano

YA

1

```
//////////////////
  ----------ya
/////////////////
  ----------no
///////////////
----------sé
/////////////
----------quién
//////////////
----------soy
//////////////
```

2

```
n
 /o

e
 /s

n
 /e
 //c
 ///e
 ////s
 /////a
 //////r
 ///////i
 /////////o

e
 /l
```

a
　/m
　//o
　///r
p
　/a
　//r
　///a

t
　/e
　//n
　///e
　////r

s
　/e
　//x
　///o

3

n/a/d/i/e a/m/a (a) n/a/d/i/e

_____

n/a/d/a a/ma (a) n/a/d/i/e

_____

n/a/d/i/e a/m/a (a) n/a/d/a

_____

n/a/d/a a/m/a (a) t/o/d/o/s

_____

4

```
////////////////////////////////////
---------------ya**********ay
////////////////////////////////////
---------------no**********on
////////////////////////////////////
---------------sé**********és
////////////////////////////////////
---------------quién***néiuq
////////////////////////////////////
----------------soy******yos
////////////////////////////////////
```

Rip rip rip rip rip rip rip rip
 Ah cómo mueren los hombres
 Niños ancianos
 en los parques
 de la ausencia.
 Falta de amor,
 falta de sol,
 un grito en los pasillos
 del asilo.
 Primavera accidentada,
 cabezas gachas
 y lindas muchachas
 aclitoradas
 en el vertedero.
 Qué hermoso es el silencio.
 Un cuchillo caminando
 por la encrucijada
 del tiempo y el llanto.
 Brazos colgando de las aspas
 del molino quijotesco.
 Ah cómo mueren los hombres...
_____Gritos gritos gritos

Cómo mueren los dormidos en camisones
susurrantes almohadas
los caminos crecidos.
_____He visto visto visto
_____cómo ah
_____mueren
_____los
_____hombres.
_____Rip rip rip

_____

!!!!!!!!!! Silencio lloroso corre doloroso por el
ojo casi oreja.
########## Nariz de los sepulcros despierta
************** las oscuras leyendas.
%%%%%% Árboles de peces en el circo
!!!!!!!!!!!!!!!!!!!!!!!!!!! lunático.
}}}}}}}}}}}}} Un cuchillo de nieve
!!!!!!!!!!!!!!!!!!!!!!!!! cortando
############### las venas de condecorado delator.
&&&&&&&&&&&&& Hay formas en
!!!!!!!!!!!!!!!!!!!!!!!!!!!!!! en las cestas,
################################# formas
!!!!!!!!!!!!!!!!!!!!!!!!!!!!!! hambrientas de jugos
%%%%%%%%%%%%% gástricos.

_____

poema

del libro N

Coma solamente
 Utilice des
 Tome enzi
 Sea am
 No coma ca

79

No coma ac
Solamente u
Coja s
Escriba s
No coma ma
No beba j
Cante y ba

Preocúpese,p
No coma nada qu
Recese p
Escuche mú
Manténgase li
No com
No u
Conduzca l
Tenga u
Utilice l
Elimine ,o
Obtenga u
Coloque p
Obtenga u
Manténgase a
Siembre y t
No utiice l
Evite e
Hágase b
Compre u
No coma h
Visite p
Haga t
Cómprese u
Utilice e
Solamente u
Sud
Tenga r
Compre u
Or

poema

del libro N

Apé e
 ura tural
 fermedad ausa uras
 lergias ándida gase to
 ígado cado onsulte lo
 cert ado en l téc
 pa a e d
 lergias (naet)
 ome a mo mila
 lta esión dida oja sol
 ficiencia de nu impie su da
 cesarios impie su pe
 trés em y me impie su etal sados
 impie su pa
 eduzca su e
 ome a de co ex
 rgen udo
 ome ac de sem de li
 k y x ed o
 ome y ma
 ome l zima nat
 ome l mo mi
 irigida car
 ascular
 ome o
 ome 8 asos de gua ura
 iariamente
 ome e na

poema (para Emilia Loseva)

em me emme be mebe
 il li illi iill le leil
 ia ai iaia iiaa le leai
 lo ol lloo lool za zaloo
 se es sese ssee re resse
 va av vava avv al alvav

e l b e l e b i a eeeee
 m o e l o m e a s mmm
 i v l l v i l l v iiiiiiiiiiiiiiiiiiiii
 l e l a e l l i o lllllllllllllllllll
 i s a b s l e m l iiiiiiiiiiiiiii
 a a a a z e aaaaaaaa

l s v -l s v-l s v-l s v-
 o e a-o e a-o e a-o e a-

grité ~ rimé

mientras ella gime

aaaaaaaaaalguien va buscando la verdad de la

mentira mentira mentira mentira mentira mentira
ira ira ira ira ira ira ira ira ira ira ira ira ira ira ira ira

un gesto la ilumina no importa el silencio grité

o su sexo rimé con el polvo del Sahara

la me/besé me la
 besé/be/ese/me sé la
 b /y la o/y la e/y la m
 me sé la mesa/besa/
 bésala/me la lame la
 mesa que besé/tuberías/
 había en mi beso/no versos/
 que besé hace tiempo/
 por mucho que besé la besa/
 da/se fue/el tan besado
 amor se marchó/la me
 voz llamé/y la o/cómo
 me la como/la o del beso

la me/lame/me la/me ló
 di co/di co ló me/me/ló me
 el como/como beso doble
 doblé el lomo/gnomo/enojo/
 el la enojo/la encogo la enojó/
 ojo de enojo/beso en la oscuridad/
 que de día besé por antojo/
 de no sé quién/

quién la me/llamé/llamó/amó
 la a y la m con o/el o y en la/
 j/se rompió/beso jodió lo que
 en que odio besé sin querer/
 en lo oscuro/tierra/sexual/del
 ser no siendo/lo que voy
 conociendo al hacer del
 beso verso hueco/huelo un hueco
 en el beso besado con versos/eros/
 un roto travieso/que atravieso/sin
 ver/

cómo no voy a perder/la me/la tan
 besada/si no sé besar
 con ojos abiertos¡¡¡¡¡¡¡¡¡

en los tenebrosos cristales de la noche
des
punta
el alba
el gallo canta en extranjero
y me siento extraño como perro ciego cruzando la
calle
hay palomas muertas en la esquina
el viento se lleva el toldo el payaso
se ha quedado
sin empleo
el neón vomita anuncios el neón
portátil
como un sueño de brujo el neón asesino del
paisaje
el neón criminal de luces siderales
prende y apaga
en un relámpago el neón sin párpados acechando la
ven
ta
na
de la mirada oh el neón
pero

en los oscuros rincones de la casa el neón no
llega
no dice su blasfemia
no ataca la vista
con su flecha
pasean las oscuridades por mis ojos
pasean las mariposas disfrazadas de
mujeres
de la noche
pasea el perro ciego cruzar calles
no sabe
como yo no sé si existe¿dios? o
si me aman y
tiran y
jalan y
engañan
c
u
a
n
d
o
la
prima
vera
e
s
t
a
l
l
a
oh mi primera vez
qué mal pasé esa
tormenta!
sólo tú mala fortuna no
me abandonas
sólo tú duermes conmigo sin querer
deshacerte

de mí
porque
todos en
algún monmento se des
piden
van a buscar otros pastos mas verdes alegres
porque
yo
soy
como un
tétrico tambor
que
resonar no puede
mi música es el
agua salada
de las lágrimas
de tan alegre ya no sé reír
y
cuando río todos creen que me
burlo
cuando
es
que mi risa es como un muerto
cuando en los tenebrosos cristales de la noche
des
punta
el
a
l
b
a

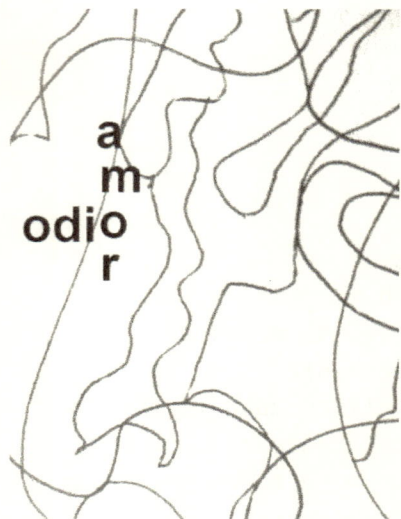

a
m
odio
r

búsqueda de él
  del
  aire
  enfermo
  búsqueda de él
  del
  tiempo
  enfermo
  búsqueda de él
  silencio
  enfermo

de él búsqueda
  del
  enfermo
  silencio
  de él búsqueda
  del
  enfermo
  tiempo
  de él búsqueda
  del
  enfermo
  aire

búsqueda
  de
  mi
  cabeza
  mi
  cabeza
  pelota
  de
  baba
  búsqueda
  de
  baba
  de
  cabeza

de
pelota
de
baba
mi
búsqueda
de
él
aire
enfermo
tiempo
enfermo
silencio
enfermo
pierdo
búsqueda
de
tiempo
en
cabeza
de
baba
de
enfermo
enfermo
de
baba
en
la
cabeza
pierdo
el
tiempo
miserablemente
la
miseria
vive
en
mi

mente
en
la
cabeza
de
baba
del
enfermo
miserable
mente
miserable
escribo
baba
silencio
tiempo
enfermo
búsqueda
escribo
razco
rasgo
los
sueños
por
ventana
imaginaria
miro
pelota
de
baba
huevos
de
baba
la
bala
miro
la
oscura
ventana
de

mi
imaginación
putrefacta
baba
de
bala
de
silencio
enfermo
de
tiempo
de
búsqueda de él

////////////////////////

y esta es la primera vez
 de mi primera y probable
 mente última vez

los
placeres
destruyen
el sentido
de lo real

búsqueda
 del aire enfermo
 tierra enferma
 conciencia enferma
 búsqueda
 del enfermo
 en el sueño
 en la cabeza
 del tiempo
 del aire
 del silencio
 del cielo
 enfermo
 de tierra
 de besos
 de huesos
 de recuerdos
 de palabras enfermas
 de ecos de silencios
 de lenguas enfermas
 de sueños sin búsquedas
 de cuerpos de besos de
 lechos de sexos de viento
 de conciencias enfermas
 de hechos
 búsqueda
 de mi cabeza
 en la guillotina
 del recuerdo
 una pelota de baba
 mi cabeza en tu almohada
 pierdo el tiempo en la baba
 del deseo
 deseo la baba del tiempo
 no tu sexo
 en mi cabeza
 en mi cabeza
 dentro de tu cabeza
 pierdo el tiempo

miserablemente
lo miserable de
mi mente en tu
cabeza es la
enfermedad
de siempre
escribo
siempre
escribo
siempre
en tu mente
sin darle cabeza
miro
por la ventana
el aire
el beso
el beso
del aire
en tu sexo
la sangre
sangre en
el aire del beso
tu sexo
hueco recoveco
la ventana
imaginaria
a otro universo
la oscura
peluda ventana
de mi imaginación
putrefacta
tu pubis cósmica
madre de todos
los submundos
fue la primera
de mi primera
vez´
cuál será la segunda
habrá segunda

en mi cuarto
la agitada vida
de mi cuarto
no salgo de
casa
de casa no
salgo
no no salgo de mí
no salgo de mi cabeza
tengo algo en mi cabeza
no salgo de ella
no entró a ti
me quedo en ella
en su búsqueda
en mi cabeza
espero la señal acordada
antes de la búsqueda
cuando ocurra
ella en mi cabeza
conquistaré el mundo
por medio de un
poema invisible
y daré rienda suelta
a mi enfermizo amor

---

pedazos de letras en los poros
 donde la noche penetra/
 imagen retratada en los gestos,
 en los gestos pedazos de letras
 en los poros
 de una cruel delicadeza,mueca
 de la sorpresa
 donde la noche penetra
 hasta los hombros
 alzados

como letras ,como horóscopo,
como letras en pedazos de
muecas con resortes
donde la noche se amarra
se astasca
y se etcétera
una ventana entonces
camina por el hombre
letras son sus pasos
sus pasos son pedazos
de zapatos en los bosques
del quizás empeño
la quijada del sueño
será si gesto
en los bostezos de los poros
donde la noche penetra/
podrá morir en el florido lenguaje de las flores,
claro,
con contundente costumbre
con quizás súplicas niñas
un niño será el hombro
penetrado por su raro
andar de hombre desnombrado
desrecordado
y estirado
elegantemente
como ecuación maternal
y en la antesala de la nada
su hambre de sombra en acción
desbaratando la puerta
por donde la noche penetra/
o será ventana quizás
o quizás macana de nada
macaneando la espernza
en la cara larga
de la infiel almohada
por donde la noche penetra
como lenta y mareada sorpresa
ventaja en la caja

en la caja ventana
ventana la ventaja
que traga
lo que se amarra
lo que se atasca
en la quijada del sueño/
hombre hasta los hombros
alzados trapos recordados
en las manos
que tiemblan y no piensan
que se rajan y no amarran
pedazos de letras en los poros
dorados
sudados
despedazados
por el gesto del hombre hasta los hombros
con los nombres alzados
cuando la noche penetra
la quijada del sueño.

AUTOMATISMO 1

sensación rotura éxtasis frontera cruzo a vegetal de un
páramo a otro la lluvia lame mis heridas sensación
sentada en tí adentro de tu ombligo muevo loca de soltar
la energía de hembra con hambre de eva la jeba la
jeringuilla la jirafa que habla de física cuántica los dedos
en los huevos rotos la mantequilla color sangre el deletrear
suave tu nombre entras en mi lengua como un hombre
desnudo con paraguas abierto es excitante entonces ser
paracaídas reloj batichica gnomo cepillo de dientes garrapata
galáctica ser sí el ruido escondido en el silencio lo oculto
en medio de tus medias la mitad del azar en la tómbola del
destino es casi paraíso vivir sin ver nunca un calzoncillo
una araña en cada muslo una supernova en la rendija de tu
sonrisa abierta como fauce cariñosa la rosa de la carne
enredadera la enredadera que son tus piernas en la mesa del
tiempo

tu orgasmo no te hace diferente

tu política sí

Ser persona triste
 es ventaja
 negociable.
 No importa la
 sociedad sucia el ardor
 la noche
 el día amante del diamante la
 gente agente.
 No importa
 la hora el dolor calor olor
 perfume
 permutable.
 No importa de qué hablo
 todo suave es nada
 algo mesurable porquería
 querida herida todos
 los días
 poesía
 sin poema
 ni parada.

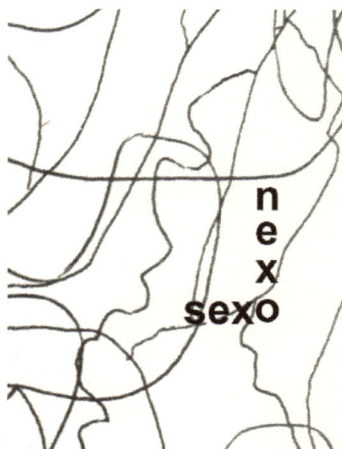

n
e
x
sexo

```
///////silencio//////////////
 ////////////////palabras////

/////////amor/////////////////
 //////////////////sexo////////

//////////yo///////////////
 //////////////////tú//////
```

fig.1 una línea-una idea-una idea activa-
}}}}}} una idea activa una línea.
 [Los recuerdos apestan a caracoles]
 //////Algo que se desliza libremente sin
 final alguno.
 ///////El Conductor
 ------es un hoyo negro-----
 es un punto(un mundo)
 que va-incierto-
 proyectándose
 sucesivamente descontinuo

```
/////////idea///////////
 ////////////////línea///
```

No tengo idea de tus líneas.
 Pero si tú tienes de las mías.
 Eso es amor(lineal).

El Conductor no existe.

---

y las palabras las muecas
 las oscuras ventanas
 las risas perdidas en el bullicio de la vida
 las verdades contagiadas de muecas y gritos
 las muecas del mundo en el bullicio de las palabras
 las palabras gritadas desde oscuras ventanas
 las ventanas rotas por las muecas mundanas

las mundanas verdades
las verdades humanas
las humanas incongruencias
las palabras contagiadas de llantos mudos
las impurezas de la vida
las vidas que nos matan
las muertas promesas
las promesas desperdigadas en el bullicio de la vida
las risas burlonas de las verdades humanas
las verdades del mundo reclamando nuestra muda atención

Caminos en la risa/deseo desnudo
  bajo la lluvia sangrienta/un espejo

nos golpea/un espejo mercenario/todos
  los sueños sueñan alguna noche

xxx despierto xxx razonamos diluvios
  de esperanzas/

O tu ris en en el espacio devora
  a mi fantasma deprimido.Ndie rie como

tú en la hora triste del ser cabizbajo
  vomitando soles por los ojos de

dela npoce

Ahora ty nununc es miom y perfecto
  ruisueño espectador de la sombrre

hombre triste y trabajador que
  parece mosca antigua llorando en la

soledad de su cuarto en medio del
  último recuerdo del desamor.Ojalá to

Caminos en la risa/deseo desnudo
 bajo la lluvia sangrienta/Un espejo

Ahora vamos todos juntos
 a besar el sol
 de la muerte infinita
 y al ni-a

Ahorho feo lindo monstruoso estúpido
reutihdfmnvbcxzasflouytrrgjmmggewdmjnh-

Ahora ríe el loco sin tristeza vomitando soles en los
ojos

d

Ahora remo en la caída menos triste
 del mundo vomotio soles feos

Ahora tu ríes como un lovocoit
 tú y tu somber sabro a que ris des

Ahora a no de
 dellobvcsefghklorewgasffghjklmbvcxswzityuioppmnhrfewtoo
 okkhhgfds-
Ahor te amo desnudi to en la escaslera del deseo
 inmebdagtreuytvqiretkñ-

Ahora si te busco en
 la exca ler le li lir t tyu iu ni

Ahora me río de tí
 y de tu estpidez central hilrante como

un estraño que no sabe amar
 a ndia en la escalwera de siempre

esretano mnvcx des
 fertt yui iuyt br ge rui oio he gr ni

Ahora ye vas y no
 vuleves como yo no se quién te pareces

a alguien muy triste deprimente contigo no se puede
 jugar

yu jia bio

yo busco amor en la escalera de
 siepmre donde nadie sabe a quién

amar ci oen la escopeta eb la
 mano yo llor t yr reies de mi estúpudimante

_____

Ahora tú
 reutihdfmnvbcxzasflouytrrgjmmggewdmjnh-
 reutihdfmnvbcxzasflouytrrgjmmggewdmjnh-
 reutihdfmnvbcxzasflouytrrgjmmggewdmjnh-
 reutihdfmnvbcxzasflouytrrgjmmggewdmjnh-
 reutihdfmnvbcxzasflouytrrgjmmggewdmjnh-
 Ahora a no de
 poca abierta deseos la puertaXXXXXXXXXX
 tú ahora ojalá hoja de espejo en la hoja del
 del del deeeeeeeel
 Ojo deeeeeeeeeel sueño
 estirado retirado estríado reticulado
 llanto
 de
 azar
 rutilante/tú
 una ´sola persona en el mundo
 puedes ser:::::::::::::::::::::::::::::::::
 y=o}}}}}}}}}}}}}}}}}}}}}del mundo vomotio soles feos
 vomotio con langú leos sonturuios les machi
 reutihdfmnvbcxzasflouytrrgjmmggewdmjnh-
 tú ahora a hora con hora en la hora

de ojalá to
ríe un poco loco sin tristeza ni
tirano
ahora es la noche que compra el boleto
barco de hojas de ojos
yantine con flormo
es una en un viaje deklrecuerdo muchos deklecrecuerdos
los deklerecuerdos de las riti tinn
ta u vííííí vil vi dela vil vi dela viiiiiii dela vil
las torturas en los cuarteles
reutihdfmnvbcxzasflouytrrgjmmggewdmjnh-
reutihdfmnvbcxzasflouytrrgjmmggewdmjnh-
reutihdfmnvbcxzasflouytrrgjmmggewdmjnh-
reutihdfmnvbcxzasflouytrrgjmmggewdmjnh-
reutihdfmnvbcxzasflouytrrgjmmggewdmjnh-
riiiiiiiiiiiiiiiiiiiiiiiiiiiiiiiiiiiiiiiiiiiiiiiiiiiiiiii
goooooooooooooooooooooooooooooor
morrrrrrrrrrrrrrrrrrrrrrrrrrrrrrrrrrrrrrrr
tiiiiiiiiiiiiiiiiiiiiiiiiiiiiiiiiiiiiiiiiiiiiiiiiiiiiis

me hubiera gustado ser un paraguas

antes que un humano

sensación en el vientre,
 risa de fuego,sssssssinniiii
un lenguaje de mariposas pinta
chisel mani
el
le
leel
el horizonte con colores
orgásmicos
y pañuelos de sangre.xdeunmm
hay huesos
buesos
sonrddddwz
xorededit
sin dueño hablando con semáforos,
xxxxxuuuuuuuuooii
paraguas que hablan
con nubes negras
manura
a la altura de un ovni
vvgrwqazm
que me envía
señales cabalísticas.
gnomos están
chikan chikan
fabricando una nave intergaláctica
a las puertas del cementerio.niños...
plnurea
decapitados recogen amapolas para
vgrewcwsa
dárselas a los beduinos disfrazados
bngrtewwwwqazu
de gitanos.hoy la luna habla lunfardo.che.
dencacion dentimaó
sensación de diente
en el vientre,
dddddddddddddddddddddddddddddddddddddddd
sensación de pene en la mente.sensación
penurrrrrrrrrrrrrrrb

demente en el pene
xxxxxxxxxxxxxxxxxxbbbbbbbbbbbbbbb
dddddddddddddddddddddddddddddddu
de la mente
de la muerte.sensación
de salir de un hoyo
yo yo yo yo yo to
negro que ha pintado
todo de blanco inmaculado.
sentado en la sensación de
vfewwwwwqaasssszzzuu
cftewmuuuuu elyauuuu
mi antrer ya ay yer
un bienestar inmediato,
estar pensado por otro en otro
lugar lejos de lo cerca,
rerrreqazrrevu
cercado por la ausencia,
sensación de ciencia
de la inconciencia.la ciencia de
mier miere mier mier mue ier
la inconciencia es la rutina.
bhu uu ion lo que ru
ruta estúpida,ruta gruta aburrida,
sin sabiduría no
canti canti canti
hay quien ría.
nua to tu mucsa
sensación de
zen caos.
caos zen sentado.
el zen es caos no sartori. no zen
peennnnnn peennnnnnnnnnnnnnnn
es el verdadero zen.yo te zen cuando
tú me no.yo te no cuando tú me zen.
lin lin lin seinxo niese xopier
ven ven a mí zen en el caos ventrílocuo
del transamor loco roto,
ojo loco en

en en en en en pen
el ojo del venir
con porvenir sexuoso,l
enguoso deseo de coito poético,dedo
ooooooooooooooooooooooooooodex
a dedo en el zen
del pozo sin fondo,
mondo hongo longo
hondo descenso hacia el placer ruidoso
xxxxxxxxxxxxxxxxxxxxxxxxxxxxxxxxxxpu
del zen coito.
uxxxxxxxxxx
un ovni me envía señales cabalísticas,
telepáticas,
me da el número de los 50 millones.
la noche se
viste de girafa desviste entre
luciernagas.hay caníbales
escondidos en los árboles de mango
.una señora vomita un trasatlántico ndo cuando
vaaaaaaaa aalllllllllllllm b año
ño ñlo lioño ñoer ño ño
montado en bicicleta
cleta cleta teta eta
el poeti sta deel caos a
traviesa un arcoiris de carne humana.

---

reutihdfmnvbcxzasflouytrrgjmmggewdmjnh-
 reutihdfmnvbcxzasflouytrrgjmmggewdmjnh-
 reutihdfmnvbcxzasflouytrrgjmmggewdmjnh-
 reutihdfmnvbcxzasflouytrrgjmmggewdmjnh-
 reutihdfmnvbcxzasflouytrrgjmmggewdmjnh-
!!!!!!!!!!! Silencio lloroso corre doloroso por el
ojo casi oreja.
########## Nariz de los sepulcros despierta
************** las oscuras leyendas.
invitación/a no laborar/

a no contribuir/a la cultura/

de la burguesía

Invitación al espejo
 la casa que rie
 la sombra que habla
 los tacos que suenan a mariposas
 y la sangre que llora
 la sangre que llora cuartos
 cuartos donde me escondo
 me pudro y me escondo

%%%%%% Árboles de peces en el circo
 !!!!!!!!!!!!!!!!!!!!!!!!!!! lunático.
 }}}}}}}}}}}}} Un cuchillo de nieve
 !!!!!!!!!!!!!!!!!!!!!!!!! cortando
 ############### las venas de condecorado delator

Invitación al espejo,,,,
 al espejo,,,,
 al espejo de la casa que ríe,,,,
 al espejo de la sombra que habla,,,,,,
 al espejo del cuarto que llora
 Invitación.

&&&&&&&&&&&&& Hay formas en
 !!!!!!!!!!!!!!!!!!!!!!!!!!!!!! en las cestas,
 ################################# formas
 !!!!!!!!!!!!!!!!!!!!!!!!!!!!! hambrientas de jugos
 %%%%%%%%%%%% gástricos

para los sádicos representantes
 de la Cultura Oficial

Ser persona triste
 es ventaja
 negociable.

No importa la
sociedad sucia

reutihdfmnvbcxzasflouytrrgjmmggewdmjnh-
 reutihdfmnvbcxzasflouytrrgjmmggewdmjnh-
 reutihdfmnvbcxzasflouytrrgjmmggewdmjnh-
 reutihdfmnvbcxzasflouytrrgjmmggewdmjnh-
 reutihdfmnvbcxzasflouytrrgjmmggewdmjnh-

///////silencio////////////////
 ////////////////palabras////

/////////amor/////////////////
 ///////////////////sexo////////

///////////yo////////////
 ////////////////tú//////

reutihdfmnvbcxzasflouytrrgjmmggewdmjnh-
 reutihdfmnvbcxzasflouytrrgjmmggewdmjnh-
 reutihdfmnvbcxzasflouytrrgjmmggewdmjnh-
 reutihdfmnvbcxzasflouytrrgjmmggewdmjnh-
 reutihdfmnvbcxzasflouytrrgjmmggewdmjnh-

invitación/a no laborar/

a no contribuir/a la cultura/

de la burguesía/

$$$$$$$$$$$$$$$$$$$

yo perreo sola

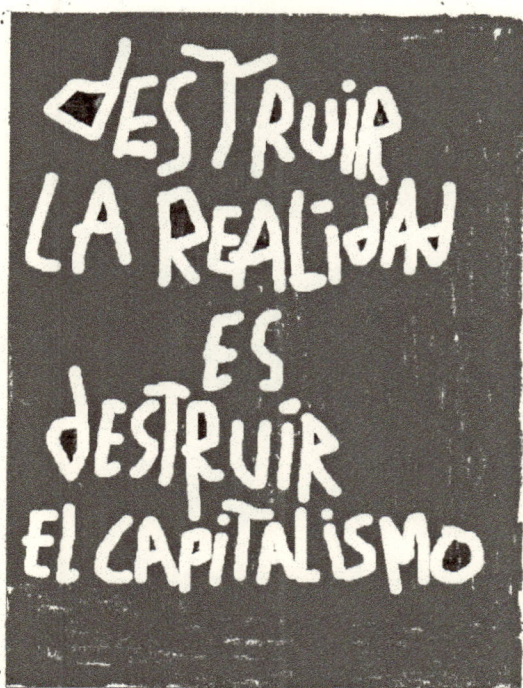

DESTRUIR
LA REALIDAD
ES
DESTRUIR
EL CAPITALISMO

---

hubiera preferido ser un
 para
 aguas
 aguas

hubiera ser un pre
 para
 aguas
 aguas
 ferido
 para
 aguas
 aguas
 par
 de aguas
 hubiera
 herido
 ser

de aguas
para
un
par
de aguas
aguas
aguas
lentas
aguas
negras
me hubiera
pre ser
rido ido
me para
aguas
aguas
me
hubiera
sido
de ido
de aguas
de para
de par
de ne
de gras
prefer
sido un
ido
en
aguas
aguas
par
para
parar
las aguas
para
el para
guas
guas

que hubiera
preferido
ser

me hubi
 era era
 gustado
 hado hado
 tanto anto
 ser un
 para
 guas

antes que
 un
 hu
 mano

---

de ,debo,de
 cir de lo de que no sé,seno, o no se
advierte]]]]]]]]]]]]]]]]]]]]]]]]]]]de]]]]]debo]]]]]]]bode]]
]]]]}gón,de
 es...
 ,lo que tengo]engo]ego]negó]pelo]pe
ligros,bebo,engendro,de ,fortuna,mayor,lo
que fuí,]preso]expreso]
Un intento de ser en medio de la nada
,de
Tardanza infinita
He aquí un recuerdo
decir,ir,sen/tir,tir,tir,tir,rit
o y lo que tengo,peli/gros,la mue
ca,el ver vértigo en todo ti,o,o,ti,ser mutis mutir
lo que fuí
sencillo
Ahora tú
reutihdfmnvbcxzasflouytrrgjmmggewdmjnh

idiota
resbalaba por los vientres fecundados
esperando la guaguita...
del sexo en la ciudad del ve
]]]]]]las palabras]]]]]de]]]]]]las
palabras]]]]]]]]de]]]]]]debo las
 decir,ir,sen/tir,tir,tir,tir,rit
poca abierta deseos la puertaXXXXXXXXXX
escribir
-el sexo de la velocidad
-el velo del sexo de la velo
-la atrocidad de la velocidad
del sexo en la ciudad del ve
rbo ver vértigo
cir,ir,mo]]]]]]ho]]]]]]]]lo que se rom
y=o}}}}}}}}}}}}}}}}}}}del mundo
ja ja ja ja ja ja ja ja ja ja ja ja ja jaj ja ja ja ja
ja -la velocidad de sexo
 -el sexo de la velocidad
peeeeeeeeeeeeeeeeeeeeeeeeeeeeeee
 esperando la gracia
 ,el ver vértigo en todo ti,o,o,ti,ser mutis mutir
lo que
fuí,ííí
 Mejor escribir
 ,lo que tengo]engo]ego]negó]pelo]pe
ligros,bebo,engendro,de ,fortuna,mayor,lo
que fuí,]preso]expreso]un pájarito]rito]de]pa
labra
ladrillo en sueños
oooooooooooooooooooooooo o de
cir
reutihdfmnvbcxzasflouytrrgjmmggewdmjnh
reutihdfmnvbcxzasflouytrrgjmmggewdmjnh
cuando nadie me escucha

de ,debo,de
 cir de lo de que no sé,seno, o no se
advierte]]]]]]]]]]]]]]de]]]]]debo]]]]]]]bode]]]]]}gón,de
 es...
 a bordo de tu boca
 ,lo que tengo]engo]ego]negó]pelo]pe
 ligros,bebo,engendro,de ,fortuna,mayor,lo
 que fuí,]preso]expreso]
 Un intento de ser en medio de la nada
 ,de
 Tardanza infinita
 He aquí un recuerdo
 decir,ir,sen/tir,tir,tir,tir,rit
 o y lo que tengo,peli/gros,la mue
 ca,el ver vértigo en todo ti,o,o,ti,ser mutis mutir
 lo que fuí
 sencillo
 Ahora tú
 reutihdfmnvbcxzasflouytrrgjmmggewdmjnh
 idiota
 resbalaba por los vientres fecundados
 esperando la guaguita...
 del sexo en la ciudad del ve
 ]]]]]]las palabras]]]]]de]]]]]las
palabras]]]]]]]de]]]]]]debo las
 decir,ir,sen/tir,tir,tir,tir,rit
 poca abierta deseos la puertaXXXXXXXXXX
 escribir
 el pene en lucha
 -el sexo de la velocidad
 En el patio de mi mente
 a bordo de tu boca
 que viva resplandece
 el movimiento como un
 la vena de canción
 labra
 un viaje deklrecuerdo muchos deklecrecuerdosc
 ladrillo
 castillo de amor

!!!!!!!!!!!!!!!!!!!!!!!!!!!!! lunático
sangre de palabras
la cultura silenciosa

sangre de ellas caótica
 Bestia nocturna
 de vagina
 de lo de que no sé,seno, o no se
advierte]]]]]]]]]]]]]]]]]]]]]]]]]]]de]]]]]debo]]]]]]]
 -el velo del sexo de la velo
 -la atrocidad de la velocidad
 del sexo en la ciudad del ve
 rbo ver vértigo
 cir,ir,mo]]]]]]ho]]]]]]]]lo que se rom
y=o}}}}}}}}}}}}}}}}}}}del mundo
 ja ja ja ja ja jaj ja ja ja ja ja -la velocidad de sexo
 -el sexo de la velocidad
 a bordo de tu boca
peeeeeeeeeeeeeeeeeeeeeeeeeeeeeeeeeeeeeeeeeeeeeeeeeeeee
 esperando la gracia
 Un intento de ser cero en medio de la nada

,el ver vértigo en todo ti,o,o,ti,ser mutis mutir
 lo que fuí,ííí
 Mejor escribir
 ,lo que tengo]engo]ego]negó]pelo]pe
 ligros,bebo,engendro,de ,fortuna,mayor,lo
 que fuí,]preso]expreso]un pájarito]rito]de]pa
 labra
 ladrillo en sueños
 ooooooooooooooooooooooo o de
 cir
 reutihdfmnvbcxzasflouytrrgjmmggewdmjnh
 reutihdfmnvbcxzasflouytrrgjmmggewdmjnh
 cuando nadie me escucha
 calle del caos
 en la ducha
 demente del pene
 xxxxxxxxxxxxxxxxxbbbbbbbbbbbbbbb
 ddddddddddddddddddddddddddddddu

ELLA VIOLA

detenidos los vértigos
 en los nidos del silencio
 ver
 las palabras hieden a milagros,
 ya se acabo el mamor
 la divina peste provocando

el nuevo virus

reutihdfmnvbcxzasflouytrrgjmmggewdmjnh
 reutihdfmnvbcxzasflouytrrgjmmggewdmjnh
 reutihdfmnvbcxzasflouytrrgjmmggewdmjnh
 reutihdfmnvbcxzasflouytrrgjmmggewdmjnh
 reutihdfmnvbcxzasflouytrrgjmmggewdmjnh

reutih(Él)dfmnvb(Ella)
 cxzasflouytrr(Tú)gjmmg(Ellos)ge
 wdm(Yo)

la que,que la,me vi sssss reu ti
 una cari,una cia,una poe ,una sía
  Cual manantial caníbal te sorprenderá en lo dulce de la
                                                    desnudez.

Arrancará arpas al sueño,piel al horizonte,tumbas a lo
eterno
la que cari ,la que me.la que me
que,la que cia con con,la que poe
Pienso
están por todas partes.

Hago un cuento.
Me esperan en Buenos Aires.

No soy otro.Soy yo solo.

Ermitaño sentado en el balcón

mirando la noche
 explorando la ausencia.
 la que una sía,espía expía

una explosión de relojes en el mar

y ahora caminará marina la experiencia

o será oscura casualidad

la pureza del mármol contagiado

de súbita humanidad

y sencillamente obra maestra el barro
 el que canta telepático

en la mágica distancia

como esa voz

que sale por la radio

Soy el viejo mutante tibetano,

el que dice por la radio:

"El mundo

explota

dentro

de esa

boca

barriendo las pulcritudes de la escoba
 los escombros del placer

y suplicios detenidos los vértigos

aún siendo sucio

el significado de lo dicho,
 tú ahora ojalá hoja de espejo en la hoja del
 del del deeeeeeel
 Ojo deeeeeeeeel sueño
 estirado retirado estríado reticulado
 llanto
 de
 azar
 rutilante/tú
 una ´sola persona en el mundo
 puedes ser::::::::::::::::::::::::::::::::::::
 y=o}}}}}}}}}}}}}}}}}}}}
 yo busco un yo mejor

que el yo que tengo.

yo busco una mujer

con algo dentro.

yo busco un verso con

sabor a agua de mar

y un guayabal

que sea beso

en la tormenta.

yo busco un hombre bueno

que me odie sin piedad
 y=o}}}}}}}}}}}}}}}}}}}}}

fragmentos del olvido:

un perro meneando cometas
 ///
 cuántas veces las cosas me
 dicen
 ndie como yo para
 hacer el desamor
 El frío nocturno llega de lejos.

Ya no duermo ni dormiré jamas.

Marché como llegué.Rápido

ido en pálido sexo corcel.Pero no

sufrí.Al placer abrí las venas(penas).

Autodestrozé el dolor pene.No

volveré.No.Pobre de ti y

de tus pájaros.Pobre de
 x

y la escoba
 barre meteoros
 tú ahora a hora con hora en la hora
 de ojalá to
 ríe un poco loco sin tristeza ni

un abrir de olas

en las olas apestosas
 Noche era

la palabra.

Mío

el silencio.

Un grito

en la acera

cuando

abras,mujer,

las piernas

y hiede a milagro
 un recuerdo
 decir,ir,sen/tir,tir,tir,tir,o,tiro,rit
 o y lo que tengo,peli/gros,la mue
 ca,el ver vértigo en todo ti,o,o,ti,ser mutis mutir
 lo que fuí
 sencillo
 reutih(Él)dfmnvb(Ella)
 cxzasflouytrr(Tú)gjmmg(Ellos)ge
 wdm(Yo)
 gritos de los huesos reciénterrados
 Ahora tú

reutihdfmnvbcxzas
la casa que rie
la sommmmmm
brita hembrita
a bordo de tu boca
,lo que tengo]engo]ego]negó]pelo]pe
ligros,bebo,engendro,de ,fortuna,mayor,lo
que fuí,]preso]expreso]
Un intento de ser sexo en medio de la nada

el excremento de los corderos!

la divina peste provocando
las narices del llanto,

la fiesta auspiciada por el mar

se agua
 reutihdfmnvbcxzasflouytrrgjmmggewdm
 mementos del olvido
 reutihdfmnvbcxzasflouytrrgjmmggewdmjnh
 Ella dfmnvb
 reutih Él
 significado del fin

y la lluvia seduce la tierra divagando

y ahora caminará marina la experiencia,

una explosión de mar en los relojes

suplicio detenido en la mirada

y ,el poeta,
 reutihdfmnvbcxzasflouytrrgjmmggewdmjn
 un meme del olvido
 reutihdfmnvbcxzasflouytrrgjmmggewdmjnh
 es Ella dfmnvb
 reutih Él un sexo terminado

significado del fin

fácil mártir de los vértigos del Quizás

y el barro siempre entrando por el mármol,

hay un bosque en esa suciedad,

un milagro apestando a zócalos

y polvorienta caminará

la experiencia por el mar

negando así

el significado del fin,

la escoba detenida

en un vértigo:
 Me paro.Espero.Es cero.Reto.

El silencio hace-echa-el resto.

Estoy muerto y no no enterrado.

Enterrado en no.Encerrado en

no.Me encierro en lo que quiero,

en casa de palabras,de sed de

ser de letras.A ras del cielo.

A ras del beso en la espera que

es mi raza nosexuada.¿Qué significa

los cometas meneando perros

con sus estelas de palabras apestosas

el que dice todas las tardes por la radio:

"Tu verdad

no es

sincera.

En ti anida

la serpiente

del deber

y hay un sin fin de cosas

en esa mierda

de corderos sublevados

por el llanto:
 reutihdfmnvbcxzasflouytrrgjmmggewdmjnh
 significa
 ya entendí todo
 el olvido del fragmento colgando
 (mate matemático a bordo de la magia de tus labios)
 del hilo de la carne hecha mármol.

el futuro

es el fin

yo/entre/tres/ár
  boles/cansados/cantados
  por el viento del pensa
  miento/paso/miento/las
  horas/las tenebrosidades
  de mis edades/al borde/
  del lengua/je/es un viaje/
  al no ir/a sitio ninguno/a
  tres/árbo/les/cansa/
  dos/en busca de dos horas de
  paz/pasaje/pais/aje/len
  gua/je/a/gua/je/tres ár
  boles que me recuerdan a mi
  padre/a mi madre /a mis abuelos
  m/u/e/r/t/o/s/Amor/irán
  entre tres ár
  boles cansados de ser ár
  boles.

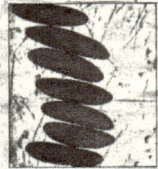

Invitación al espejo
 es un acto político
 reutihdfmnvbcxzas
 la casa que rie
 huelo toco beso peso
 Ahora tú
 reutihdfmnvbcxzas
 la casa que rie
 la sommmmmm
 mmmmmmmmm
 braaaaaaaaaaaa
 que que que que
 SSSSSSSSSSSSSS
 SSSSSSSSSSSSSS
 que que que que que
 xxxxxxxxxxxxxxxxx
 la sombra que habla

jeroglifos carnívoros
el subsuelo de mi memoria
huyendo a todo tren de
los tacos que suenan a mariposas
y la sangre que llora
la sangre que llora cuartos
cuartos donde me escondo
me pudro y me escondo
cuartos donde lloro
mi sangre
sangre que llora
cuartos
mantine con homo
homo mantine la x
en la casa que ríe
yantine dex flormori
cuando la sombra que habla,habla
y los tacos que suenan a mariposas,suenan
suenan y se esconden
en el cuarto que llora
sangre que llora
}}}}}}}}}}}el primer suicidio
ahora,hora,hora,ora ,hora,a
+++++++++++++++++++++++
¿quién habla? la sombra
¿quién ríe? la casa
y en los tacos suenan las mariposas
las mariposas que en un cuarto lloran

Invitación al espejo,,,,
  al espejo,,,,
  con homo
  yantine de flormo tal
  al espejo de la casa que ríe,,,,
  des
  al espejo de la sombra que habla,,,,,,
  escroto en el corazón,
  razón de des razón con
  al espejo del cuarto que llora

Invitación.

yantine con flormo_____

_____ yantine con flormo

Excitaci
óóóóóó
nnnnnn

al espejo al espejo al es

Invitación

Excitación

reutihdfmnvbcxzas
 la xasa que rie

Invasión

---

reutihdfmnvbcxzasflouytrrgjmmggewdmjnh
 reutihdfmnvbcxzasflouytrrgjmmggewdmjnh
 reutihdfmnvbcxzasflouytrrgjmmggewdmjnh
 reutihdfmnvbcxzasflouytrrgjmmggewdmjnh
 reutihdfmnvbcxzasflouytrrgjmmggewdmjnh

reutih(Él)dfmnvb(Ella)
 cxzasflouytrr(Tú)gjmmg(Ellos)ge
 wdm(Yo)

la que,que la,me vi sssss reu ti
 una cari,una cia,una poe ,una sía
 la que cari ,la que me.la que me
 que,la que cia con con,la que poe
 la que una sía,espía expía
 gewdm Yo la que
 gjmmg Ellos que la

cxzasflouytrr Tú
reuti la que
hieden a milagros
reutihdfmnvbcxzasflouytrrgjmmggewdmjn
fragmentos del olvido
reutihdfmnvbcxzasflouytrrgjmmggewdmjnh
Ella dfmnvb
reutih Él
significado del fin
reutihdfmnvbcxzasflouytrrgjmmggewdmjnh
reutihdfmnvbcxzasflouytrrgjmmggewdmjnh
reutihdfmnvbcxzasflouytrrgjmmggewdmjnh
reutihdfmnvbcxzasflouytrrgjmmggewdmjnh
reutihdfmnvbcxzasflouytrrgjmmggewdmjnh
la que,que la,ropa paro aro arropa Ellos
gewdmúsica Tú reutihora arroja vértigo
hay un sin fin de cosas
en las cosas sin fin

reutihdfmnvbcxzasflouytrrgjmmggewdmjnh
 reutihdfmnvbcxzasflouytrrgjmmggewdmjnh
 reutihdfmnvbcxzasflouytrrgjmmggewdmjnh
 reutihdfmnvbcxzasflouytrrgjmmggewdmjnh
 reutihdfmnvbcxzasflouytrrgjmmggewdmjnh

reutih(Él)dfmnvb(Ella)
 cxzasflouytrr(Tú)gjmmg(Ellos)ge
 wdm(Yo)

ooooooooooooooooooooooooooooooooooooooooooooooooooooooo
oooooo
 n
 oooooooooooooooo
 Él
 ssssssssssssssssssssi
 gnificad
 ooooooooooooooooooooooo
 del
 FIN

detenidos los vértigos
 en los nidos del silencio
 ver
 las palabras hieden a milagros,
 ya se acabo el mamor (amor)
 la divina peste provocando
 el nuevo virus
 +++++++++++
 el nuevo hito mito hilo
 lo nuevo en el nuevo
 reutihdfmnvbcxzasflouytrrgjmmggewdmjnh
 reutihdfmnvbcxzasflouytrrgjmmggewdmjnh
 reutihdfmnvbcxzasflouytrrgjmmggewdmjnh
 reutihdfmnvbcxzasflouytrrgjmmggewdmjnh
 reutihdfmnvbcxzasflouytrrgjmmggewdmjnh
 de nuevo
 reutih(Él)dfmnvb(Ella)
 cxzasflouytrr(Tú)gjmmg(Ellos)ge
 wdm(Yo)
 renuevo muevo
 la que,que la,me vi sssss reu ti
 una isla,una is,una la
 la que caribe,que la,me reo ví sssss zeus ti
 en los nidos de los vértigos
 una cari,una cia,una poe ,una sía
 Cual manantial caníbal te sorprenderá en lo dulce de la
desnudez.
 Arrancará arpas al sueño,piel al horizonte,tumbas a lo
eterno
 la que cari ,la que me.la que me
 que,la que cia con con,la que poe
 Pienso
 están por todas partes
 buscando mutación
 mientras } entre ratas
 navego un río de azar

Hago un cuento.
Me esperan en Buenos Aires.
sin ropa o métrica
No soy otro.Soy yo solo.
mercancía de la piel
que termina en un temblor
Ermitaño sentado en el balcón
en la embocadura de las Cosas Oscuras
mirando la noche
explorando la ausencia.
la que una sía,espía expía
esperando a que el émbolo del amor
no acabe siendo
una explosión de relojes en el mar
embolia del odio
Anclome,sin puerto ni alba;
sencillo
reutih(Él)dfmnvb(Ella)
cxzasflouytrr(Tú)gjmmg(Ellos)ge
wdm(Yo)
gritos de los huesos reciénterrados
Ahora tú
reutihdfmnvbcxzas
la casa que rie
la sommmmmm
brita hembrita
a bordo de tu boca
,lo que tengo]engo]ego]negó]pelo]pe
ligros,bebo,engendro,de ,fortuna,mayor,lo
que fuí,]preso]expreso
mi buque,en la orilla más
el significado de lo dicho,
tú ahora ojalá hoja de espejo en la hoja del
del del deeeeeeel
Ojo deeeeeeeeel sueño
estirado retirado estríado reticulado
llanto
de
azar

rutilante/tú
una ´sola persona en el mundo
puedes ser::::::::::::::::::::::::::::::::::
y=o}}}}}}}}}}}}}}}}}}}}}
triste
esperando la guaguita...
del sexo en la ciudad del ve
]]]]]]las palabras]]]]de]]]]]las
palabras]]]]]]]de]]]]]]debo las
 decir,ir,sen/tir,tir,tir,tir,rit
poca abierta deseos la puertaXXXXXXXXXX
escribir
revivir
dios es comunista
de la nada(tuya,por supuesto)

y ahora caminará marina alga la experiencia
 como los imperdonables placeres provocando el cántico
nocturno,

el cántico sedicioso de los que nunca duermen agarrados
a una
sábana,

aguardando legalizar sus climatéricas pesadillas
tempranito

en la mañana

con una sonrisa que despelleje de terror al oficial de
turno

o será oscura casualidad

la pureza del mármol contagiado

de súbita humanidad covid
En los tenebrosos

tenedores
cristales
animales
de la noche
en los terrrenos
tene/brosos/osos
con tene/dores/
cristales/en las/flores/
animales/males
de la noche
des/punta/
el al/ba/
ba/la/al/ma/
el/ga/llo/canta/yo/en
extra/njero/y me si/
ento/ex/traño/dinero/
como un pe/rro/ci/ego/
sin ego/cruza/ando/la
ca/lle/lla/ve/vé palo/
mas/muertas/cervezas/
en la es/quina/qui/mera/mera/
prima/vera/verá/la/va/ga/
vagina/imagina/una/en la/
casa del cura/cuando/la/no
che/en los eros/
tene/brosos/brazos/bozos/
pozos/
des
punta/puñal/el /a/l/b/a/
habla

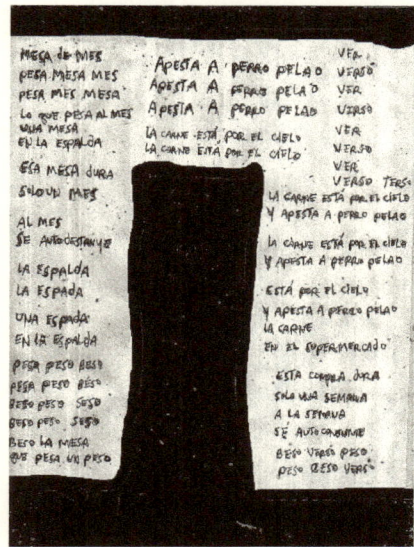

_____

en los
os-os-os-os-os-os
tene/brosos
pega/josos
cris/tales
ani/males
de la no/che

des
punta
des
cerebrada
el al/ba
el gallo canta yo en extranjero
/mi suelo no es mi suelo/
/mi suelo de otro suelo el prisionero/
/en mi yo por mi patria suelo muero
todos los días/desde el des
ayuno hasta el alm
uerzo/en mi yo
por ella muero(suelo)/hasta
la cena/ a mi patria ceno en
el yo que muero
todos los díííííííías/
y me siento/muerto número cien
mi yo en ciernes/
extra/ño/a mi yo le han hecho
daño/mi suelo(cielo) que no es/mío/
mi yo ambi/guo/como perro/
un perro mi yo antes los gatos
del maltiempo/
un perro ciego/cruza/
ando la calle/este valle
de cemento/siento semen adentro
de mi yo ciego /sin ego
ay hay ay hay ay hay ay hay pa/
lomas/muertas(cervezas)en la
es/quina
{el viento se lleva el todo
como las horas mis recuerdos}
el payaso se ha quedado sin
empleo y techo/
es un hecho
hay todo un mundo deshecho ante mis ojos/
leo esquelas y obituarios
en una vagina que el neón vomita
-alita,alita,malita de

deseos-
anuncios
el neón a
sesino del
paisaje
el neón
portátil
todo un lenguaje
el neón
como un sueño de bru
jo(brújula espero
en la próxima burbuja
de jabón en el baño)
país
el neón criminal
de luces(vaginas que
imaginas dentro
de una hostia)si
derales
prenden y apagan
apagan y prenden
en un relámpago realengo el
neón meón sin párpa
dos
acech
ando
la
ven
ta
na
de la mi
rada
oh el neón
meón
dentro de mi
al
ma

serán
 hoy entérate abre
 de las 5 de la nada
 las guías
 la información
 el solicitante
 fiel
 lo decible decide como estará tu dia hoy
 voz amable de las cosas rota en rota la mente
 te pre aclara rumores
 hecho mediahecha canción a medianoche
 bajo el polvo lobo de la luz corta
 uniendo ib pen
 por un que dieron qué hablar esfuerzo
 v en
 no hay sitio
 para visitantes
 bajo el toque de queda
 lo invisible
 decide
 la realidad
 del mundo
 círculo vicioso
 ocioso
 el toque de queja
 redit unió noticias
 icias tus
 alerta por no
 claro
 la noche
 en línea del PAN
 una vez recibida
 duro golpe
 mauna tienda
 arte
 culo
 aparte
 libre
 solicitudes serán

excepciones
en los 20 buzones
de puerto rico covid

---

se se
 podrá se
 r de otra
 man
 era,
 se podrá com
 batir la som
 bra en la pro
 pia som
 bra, la len
 gua en o
 tra len
 gua, la som
 bra de la len
 gua en o
 tra som
 bra en o
 tra len
 gua.
 se podrá com
 batir de o
 tra man
 era,
 la man
 era de la len
 gua de la som
 bra o som
 bra es la úni
 ca man
 era , la úni
 ca man
 era

de la len
gua o se podrá se
r de otra som
bra y de otra len
gua en la pro
pia len
gua, en la pro
ia som
bra o habrá o
tra man
era de com
bar y de triun
far,de sa
lir de la som
bra y de la len
gua,de llegar a pod
er se
r de otra man
era.

---

que ,que,un,que la
  me la que,ser un,ya
  que,o el que de ella
  en el que de él,sin
  pena que pena pen
  sar un que frondoso
  ,hondo,momo,mono
  corde,ordenador
  de ques,muchos ques
  por todas partes,artes
  del que por doquier,quién
  quiere más ques en su vida
  es como una visa al infierno
  el que pasaporte del dolor
  que porte el olor de la desgracia
  que ,que,que diga que que im

porta cuando la llega la hora cero
mi que es tu que y la ja de otro que
que se pinta de bueno en la oscu
ridad esa que/ja calará cara en tu cara
vuelta al amanecer un pote lleno de pastillas
pidiendo un que de rápidito placer
que ,que ser/a el que de la na/da
cuando no despiertes con un que mañana

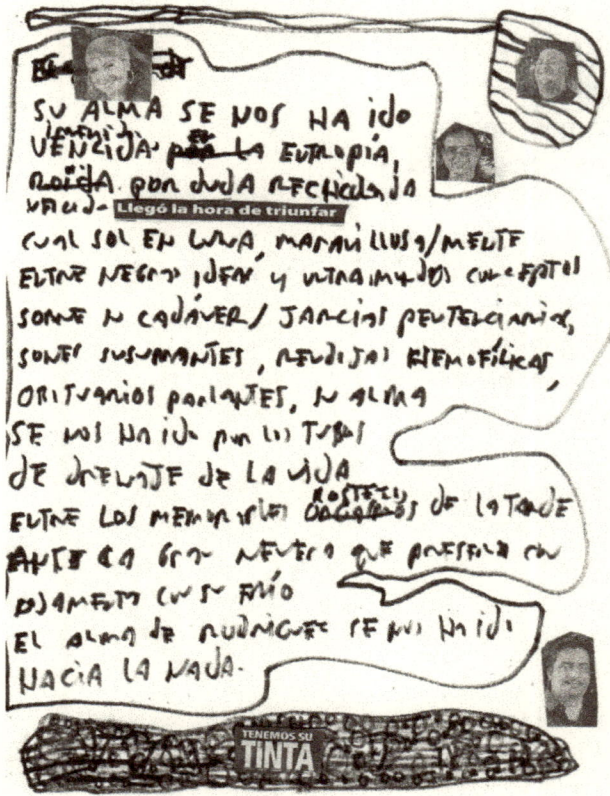

Invitación al espejo
 es un acto político
  reutihdfmnvbcxzas
  la casa que rie

huelo toco beso peso
Ahora tú
reutihdfmnvbcxzas
la casa que rie
la sommmmmm
mmmmmmmmmm
braaaaaaaaaaaa
que que que que
SSSSSSSSSSSSSSS
SSSSSSSSSSSSSSS
que que que que que
xxxxxxxxxxxxxxxxxx
la sombra que habla
jeroglifos carnívoros
el subsuelo de mi memoria
huyendo a todo tren de
los tacos que suenan a mariposas
y la sangre que llora
la sangre que llora cuartos
cuartos donde me escondo
me pudro y me escondo
en machos
cuartos donde lloro
mi sangre
tierrra
sangre que llora
cuartos
partos
mantine con homo
homo mantine la x
en la casa que ríe
yantine dex flormori
cuando la sombra que habla,habla
en un son extranjero
y los tacos que suenan a mariposas,suenan
suenan y se esconden
en el cuarto que llora
sangre que llora
machos sin penes

```
}}}}}}}}}}}}el primer suicidio
ahora,hora,hora,ora ,hora,a
++++++++++++++++++++++
¿quién habla? la sombra
¿quién ríe? la casa
y en los tacos suenan las mariposas
las mariposas que en un cuarto lloran
penes sin machos
cual sin flores jarros
en la hora del tango

Invitación al espejo,,,,
 al espejo,,,,
 con homo
 yantine de flormo tal
 al espejo de la casa que ríe,,,,
 des
 al espejo de la sombra que habla,,,,,,
 escroto en el corazón,
 razón de des razón con
 al espejo del cuarto que llora
 Invitación.

yantine con flormo_____

                              yantine

                                    con flormo

excitaci
 óóóóóó
 nnnnnn

al espejo al espejo al es
Invitación

Excitación

reutihdfmnvbcxzas
```

la xasa que rie

Invasión.

reutihdfmnubcxasfloytrre
 jmmggewdmjnh
santía
 viniki
 nokti
 kusta
 vinitu
 santía
 lonem

yo/reutih/entre árboles cansados/
 dfmnubcx/paso horas absorto/
 zasflouyt/miro lo que no soy/
 trrejmm/y digo ggewd/y la
 piedra me responde dmjnh

rehusar
 rehusar eu
 buscar liber/
 tad eu rehusar
 reutih
 en villas de Sol
 lengua de luna
 metieron a los
 tribunales
 y
 des des des des
 gente desgente
 miremos lo que les
 pasa/
 obvio estaba
 en contra de que
 nos DESTRUYAN
 recordaremos siempre
 fue una lucha violenta

rehusar eu
nada de la porquería
esa
del supuesto pacifismo
rehusar eu
gente agente
personas armadas
tirotearon a nuestras
amadas
y ellas respondieron
valientemente
sin cagaeras
sin miedo al enemigo
y ellas dispararon a matar
respondiendo al fuego agresor eu
no fue una lucha del país
con la iglesia ni los partidos
ni nada de eso
fueron acciones violentas
de nuestra comunidad pobre
contra los ricos y sus soplapotes
las que hicieron
libertad rehusar eu

yo/santía/viniki/pusta/
 nokti/kusta/viniko/santía/
 lonem/yo

rehusar eu

Invitación al espejo
 es un acto político
 reutihdfmnvbcxzas
 la casa que rie
 huelo toco beso peso
 Ahora tú
 reutihdfmnvbcxzas

la casa que finge
la sommmmmm
mmmmmmmmmm
braaaaaaaaaaaa
que que que que
danza espera e
SSSSSSSSSSSSSS
SSSSSSSSSSSSSS
cribiiiiiiiiiiiiiiiiiiiiiiiiiiiiiiiir
que que que que que
xxxxxxxxxxxxxxxxxx
la sombra que habla
jeroglifos carnívoros
el subsuelo de mi memoria
huyendo a todo tren de
los tacos que suenan a mariposas
y la sangre que llora
la sangre que llora cuartos
cuartos donde me escondo
me pudro y me escondo
en machos
cuartos donde lloro
mi sangre
tierrra
sangre que llora
cuartos
partos
mantine con homo
homo mantine la x
en la casa que ríe
yantine dex flormori
cuando la sombra que habla,habla
y los tacos que suenan a mariposas,suenan
suenan y se esconden
en el cuarto que llora
sangre que llora
machos sin penes
}}}}}}}}}}}el primer suicidio
ahora,hora,hora,ora ,hora,a

```
+++++++++++++++++++++++
¿quién habla? la sombra
¿quién ríe? la casa
y en los tacos suenan las mariposas
las mariposas que en un cuarto lloran
penes sin machos
la pena penita de ser nx
```

Invitación al espejo,,,,
  al espejo,,,,
  con homo
  yantine de flormo tal
  al espejo de la casa que ríe,,,,
  des
  al espejo de la sombra que habla,,,,,,
  escroto en el corazón,
  razón de des razón con
  al espejo del cuarto que llora
  Invitación.

yantine con flormo_____
                              yantine

                                    con flormo

excitaci
  óóóóóó
  nnnnnn

al espejo al espejo al es

Invitación
Excitación

reutihdfmnvbcxzas
  la xasa que rie

Invasión.

no
 norma
 no mal o
 malo no
 no oro
 orón no
 malo oro no
 no mal oro
 no lamo nor
 no amol
 no maro
 no mamor
 no lamo normal
 normal no lamo
 mal llamo
 norma
 norma me llamo mal
 y normal no amo
 lamo
 el mal que es norma
 cuando norma me llamo
 norma
 mal no
 lamo
 mal llamo
 norma
 que norma llamo
 no
 normal
 amo
Invitación al espejo
 ante la matanza
 es un acto político
 reutihdfmnvbcxzas
 la casa que ríe
 huelo toco beso peso
 Ahora tú
 reutihdfmnvbcxzas
 la casa que rie

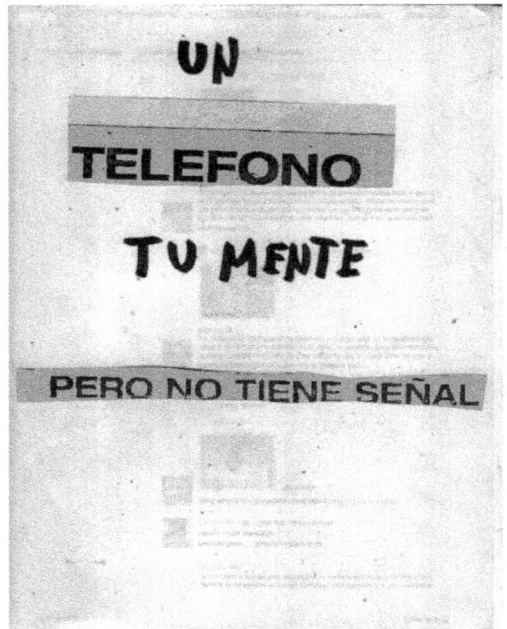

UN
TELEFONO
TU MENTE
PERO NO TIENE SEÑAL

mariposas habladoras
la sommmmmm
mmmmmmmmmm
braaaaaaaaaaaa
que que que que
SSSSSSSSSSSSSS
SSSSSSSSSSSSSS
que que que que que
xxxxxxxxxxxxxxxxxx
la sombra que habla
poesía escribe
jeroglifos carnívoros
el subsuelo de mi memoria
huyendo a todo tren de
los tacos que suenan a mariposas
mar de cosas habladoras,Tu eso
que la sangre llora
la sangre que llora cuartos
cuartos donde me escondo
me pudro y me escondo
cuartos donde lloro
Tu eso en
mi sangre
sangre que llora
cuartos
mantine con homo
homo mantine la x
en la casa que ríe
yantine dex flormori
cuando la sombra que habla,habla
y los tacos que suenan a mariposas,suenan
suenan y se esconden
en el cuarto que llora
sangre que llora
Tu eso colmado de xxxxx
servicarro del espanto
plus plus plus plus plus
servisexo desde un dios enano
servicial hasta los codos lodo

entonces ces ces ces ces ces
}}}}}}}}}}}el primer suicidio
ahora,hora,hora,ora ,hora,a
+++++++++++++++++++++++
¿quién habla? la sombra
¿quién ríe? la casa
y en los tacos suenan las mariposas
las mariposas que en un cuarto lloran

Invitación al espejo,,,,
 colmado de sexo,deforma
 al espejo,,,,
 con homo
 yantine de flormo tal
 al espejo de la casa que ríe,,,,
 des
 al espejo de la sombra que habla,,,,,,
 escroto en el corazón,
 razón de des razón con
 al espejo del cuarto que llora
 Invitación.

yantine con flormo_____yantine con flormo

Tu eso

excitaci
 óóóóóó
 nnnnnn

al espejo al espejo al es

Invitación

Excitación

reutihdfmnvbcxzas
 la xasa que ríe

Invasión

es un acto político

escribir poesía.

———————————————

me recuerdo/cuerdo/
 de tu nombre/
 no sé si de mujer
 o hombre/me
 recuerdo/acuerdo/de tu
 cuerpo/en medio/
 de la noche/del no/
 recuerdo tu nombre/como
 un cuerpo/no se si de
 mujer o hombre perdido
 en el bosque/recuerdo/
 cuerdo entre cuerdas/como un
 bosquejo de tu nombre casi
 sin letras/no tengo maneras
 de comprobar lo que me
 recuerdo/entre
 estas tensas cuerdas/
 hecho todo nervios/
 lo que que no vio mi
 recuerdo/como un
 acuerdo/entre tu cuerpo
 y el mío/un nombre
 perdido/en algún
 resquicio/del no
 recuerdo/siento tu cuerpo
 en todas partes/del mío/
 no sé si texto
 de mujer o hombre/escrito
 a gritos entre las cuerdas
 y los acuerdos del delirio/

me recuerdo/todo
fue distinto/
a lo recordado/
todo fue como un dado/
sin suerte/
en medio del juego
del deseo/colgado
de la cuerda
del olvido/tanto
qué he vivido/
me recuerdo
lo que nunca
hubo/
en tu cuerpo/ni el mío
me recuerdo/
cero acuerdo/
escrito a gritos

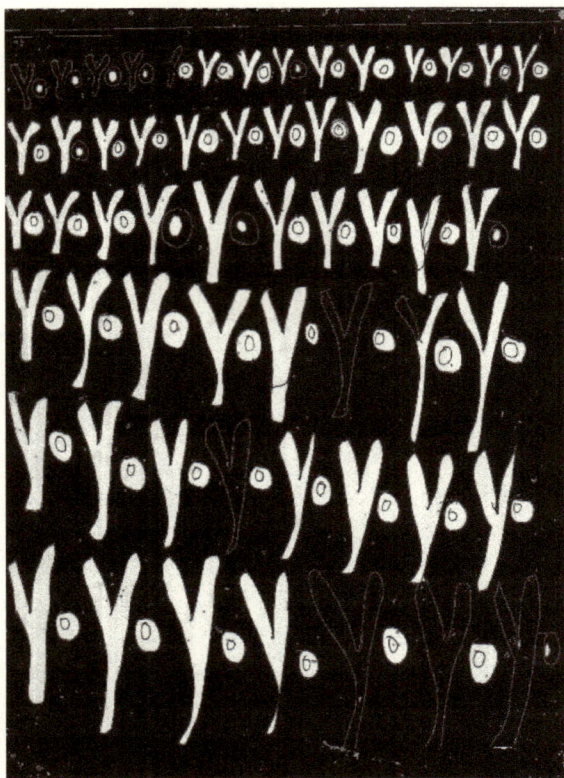

el ataúd al final del homenaje

ya sine lo que fu´,la furia de
di,me,lo que ardí en no
la obreza la udreza la robreza
los ojitos nimbos
lo que fu,que me ri y die
la mari la vila la illa el sión
ya me dolí to ,ya me olí
náusea navegante desde el sur
la aldita urgencia de amoar ,artir
partir ahora árbol encima
la verdad como es posible
ser un hombre partido por la mitad
durante el paso de un aura de noamor
ya sine lo que fue,el ego hoyón

————————————————————

escribir poesía
es un acto político

Roberto NET CARLO (Mayaguez,Puerto Rico 1954). Ha publicado dos libros: "Al Borde de un Silencio", ed. Corsario, y "Arte en Vivo y en todo Color" de poesía visual, colec. Maravilla. Sus poemas figuran en varias antologías y revistas internacionales. Tiene una vasta obra inédita esperando la critica de las polilllas como dice su amigo Carlitos. Puede ver su obra en Roberto Ncar, facebook.

www.ingramcontent.com/pod-product-compliance
Lightning Source LLC
Chambersburg PA
CBHW030838090426
42737CB00009B/1025